El diario de Anne Frank

El diario de Anne Frank

Adaptación gráfica

Anne Frank

Editado por Ari Folman
Ilustraciones por David Polonsky

VINTAGE ESPAÑOL
UNA DIVISIÓN DE PENGUIN RANDOM HOUSE LLC
NUEVA YORK

PRIMERA EDICIÓN VINTAGE ESPAÑOL, OCTUBRE 2018

Información de catalogación de publicaciones disponible en la Biblioteca del Congreso
de los Estados Unidos.

Vintage Español ISBN: 978-0-525-56450-8

Para venta exclusiva en EE.UU., Canadá, Puerto Rico y Filipinas.

vintageespanol.com

Impreso en China
10 9 8 7 6 5 4 3 2 1

Presentación de los personajes

Los personajes del *Diario* y sus verdaderos nombres:

La familia Frank

Anne Frank

Margot Frank, hermana de Anne (tres años mayor)

Otto Frank («Pim»), padre de Anne

Edith Frank, madre de Anne

Los demás residentes

Peter van Daan = Peter van Pels

Auguste van Daan («La señora») = Augusta van Pels, madre de Peter

Hermann van Daan = Herman van Pels, padre de Peter

Albert Dussel (el dentista) = Fritz Pfeffer

Colaboradores

Jo Kleiman, contable de Opekta y Pectacon, las empresas de Otto Frank

Victor Kugler, empleado de Opekta

Bep Voskujil, secretaria de Opekta e hija del empleado Johan Voskujil

Miep Gies, secretaria de Otto Frank

Jan Gies, marido de Miep

Johan Voskujil, padre de Bep y jefe de almacén de Opekta

El diario de Anne Frank

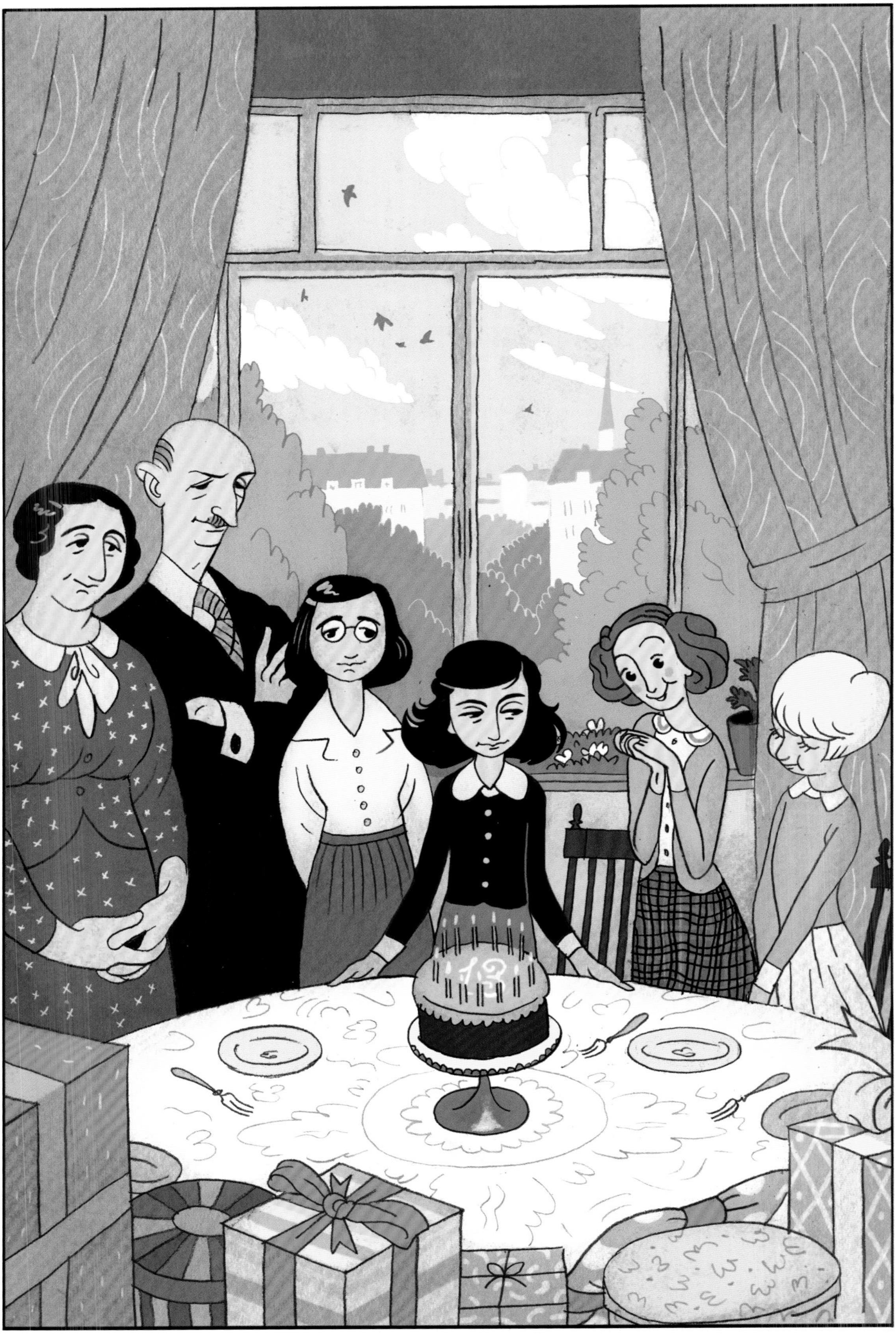
13

Nadie entenderá cómo una chica de trece años puede estar sola en el mundo.

Tengo unos padres muy buenos y una hermana de dieciséis.

¿A QUÉ ESPERAS, ANNE? ¡VEN A ABRIR TUS REGALOS!

A Hanneli y Jacqueline las consideran mis mejores amigas, pero nunca he tenido una verdadera amiga.

LE GUSTA SER EL CENTRO DE ATENCIÓN, ¿VERDAD?

Tengo un montón de admiradores que tratan de que nuestras miradas se crucen.

¡ANNE! ¡BAJA! ¡NO PUEDO VIVIR SIN TI!

¡VETE A CASA, ROB! ¡LLAMARÉ A LA POLICÍA!

Con las chicas que conozco lo único que puedo hacer es pasarlo bien. Nunca hablamos de otras cosas que no sean las cotidianas.

Nunca llegamos a hablar de cosas íntimas. Por eso...

... en cuanto te vi entre mis otros regalos...

... ¡supe que eras especial!

Así que vas a ser la mejor amiga que he tenido en mi vida...

... y esa amiga se llamará Kitty.

Querida Kitty:

Espero poder confiártelo todo como aún no lo he podido hacer con nadie, y espero que seas para mí un gran apoyo.

Tendré que relatar brevemente la historia de mi vida. Mis padres se casaron en Alemania, en 1925. No fue un flechazo...

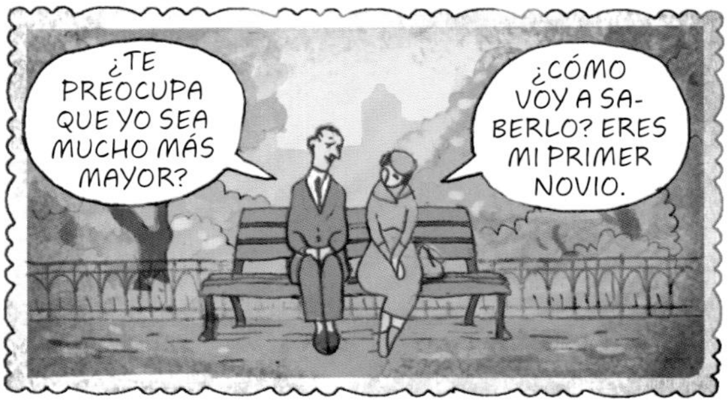
¿TE PREOCUPA QUE YO SEA MUCHO MÁS MAYOR?
¿CÓMO VOY A SABERLO? ERES MI PRIMER NOVIO.

Mi hermana Margot nació en 1926 en Alemania.

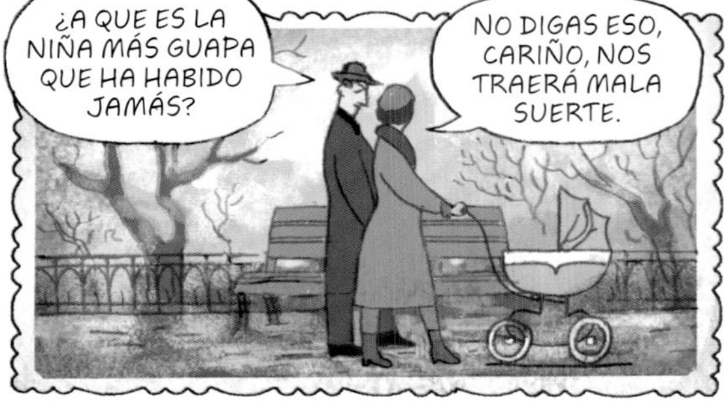
¿A QUE ES LA NIÑA MÁS GUAPA QUE HA HABIDO JAMÁS?
NO DIGAS ESO, CARIÑO, NOS TRAERÁ MALA SUERTE.

Yo llegué al mundo tres años después: Annelies Marie Frank.

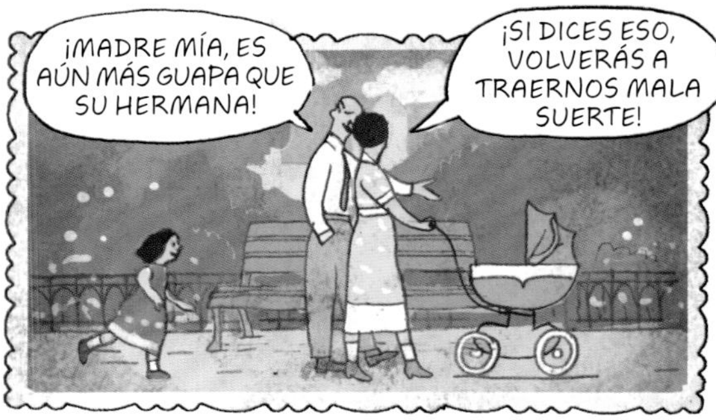
¡MADRE MÍA, ES AÚN MÁS GUAPA QUE SU HERMANA!
¡SI DICES ESO, VOLVERÁS A TRAERNOS MALA SUERTE!

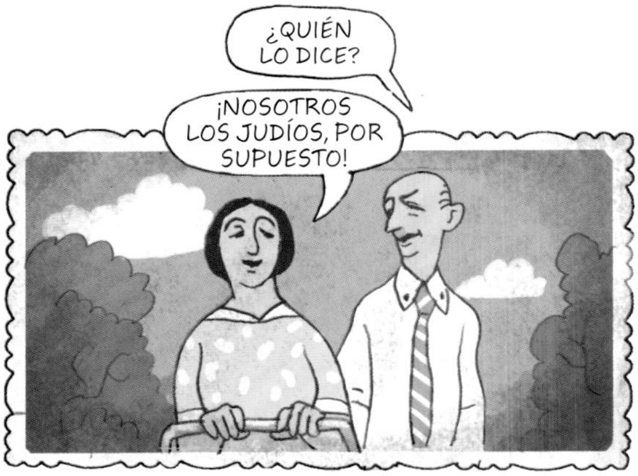
¿QUIÉN LO DICE?
¡NOSOTROS LOS JUDÍOS, POR SUPUESTO!

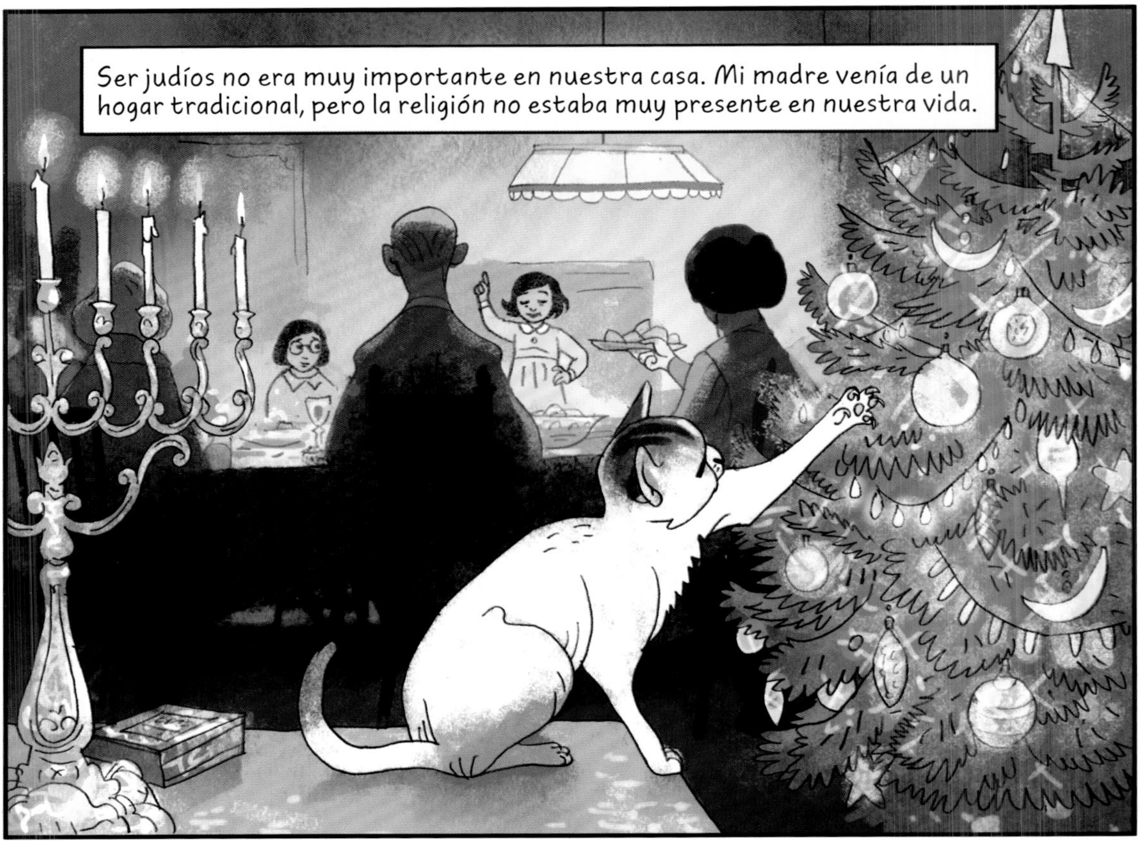
Ser judíos no era muy importante en nuestra casa. Mi madre venía de un hogar tradicional, pero la religión no estaba muy presente en nuestra vida.

Pero entonces llegaron los nazis y nos recordaron que, al fin y al cabo, éramos judíos.

Cuando los nazis llegaron al poder, su objetivo era eliminar a los judíos de la sociedad alemana. Aunque los judíos eran menos del 1 % de la población, los nazis creían que éramos el origen de todo el mal.

Pensando que Holanda era segura para los judíos, mi padre se mudó a Amsterdam en 1933 para dirigir Opekta, una empresa que fabrica un estabilizante secreto para la mermelada.

Poco después lo siguieron mi madre y Margot, mientras yo me quedaba en Alemania con mi abuela.

El día que Margot cumplía ocho años, llegué de Alemania como regalo sorpresa y nuestra familia se reunió por fin.

La vida en Holanda era estupenda. ¡Teníamos tanta libertad! Íbamos a menudo a patinar sobre hielo y hasta disfrutamos de unas vacaciones de esquí en los Alpes suizos.

Los malos presagios empezaron cuando el tío Uli llegó de Hamburgo.

Había huido de Alemania y nos contó lo horrible que se había vuelto allí la vida para los judíos.

Los nazis quemaban las sinagogas y las tiendas de los judíos, y les rompían las vitrinas.

Quemaban también los libros sobre la cultura judía y los que estaban escritos por judíos.

Los judíos huían y buscaban refugio donde podían.

CORREN RUMORES DE UN CAMPO DE TRABAJO EN DACHAU, DONDE LOS NAZIS ENVÍAN A CUALQUIERA QUE NO SEA «SUFICIENTEMENTE ALEMÁN».

PERO ¿QUÉ LE HACEN A LA GENTE ALLÍ?

Querida Kitty: Quién iba a imaginar que, después de escapar de los horrores alemanes, los nazis invadirían Holanda y todo volvería a empezar...

¿Sabes, Kitty? Ya no hay tranvías para los judíos, y mucho menos coches.

AL MENOS PODEMOS SEGUIR YENDO EN BICICLETA.

Dos semanas después... se acabaron las bicicletas.

YA NO PODEMOS IR A LOS PARQUES, NI SIQUIERA PODEMOS SALIR A LA CALLE DESPUÉS DEL ANOCHECER...

Y NO NOS PERMITEN VISITAR A NUESTROS AMIGOS CRISTIANOS...

MENOS MAL QUE LA LUNA NO TIENE RELIGIÓN...

TENGO QUE IR AL BAÑO.

YO TAMBIÉN, PERO CON TODAS ESAS RES-TRICCIONES, NO SÉ SI NOS LO PERMITEN...

Querida Kitty:

Mamá sigue preguntándome con quién querría casarme, pero creo que ni se imagina que es con Peter, porque yo lo desmiento una y otra vez sin pestañear. Quiero a Peter como nunca he querido a nadie, y siempre trato de convencerme de que solo vive persiguiendo a todas las chicas para esconder sus sentimientos.

Querida Kitty:
¡Qué bochorno! Nos estamos asando, y con el calor que hace tengo que ir andando a todas partes. Hasta ahora no me había dado cuenta de lo cómodo que puede resultar un tranvía, pero ese privilegio ya no lo tenemos los judíos: a nosotros nos toca ir en el «coche de San Fernando». Aún quedan buenas personas por ahí: el barquero del canal Jozef Israëlskade nos cruzó nada más pedírselo. De verdad, los holandeses no tienen la culpa de que los judíos padezcamos tantas desgracias.

Querida Kitty: Han pasado pocos días desde que hablamos, pero han cambiado muchas cosas.

¡ANNE! ¡ANNE!

Ayer me ocurrió algo muy cómico, cuando pasaba por el garaje de las bicicletas.

SOY HELLO. ¿NO TE ACUERDAS DE MÍ? SOY PRIMO SEGUNDO DE WILMA.

AH, SÍ...

¿PUEDO ACOMPAÑARTE AL COLEGIO?

Parecía que hubiera estado esperándome toda la noche.

A partir de ese día, Hello me esperaba cada mañana.

Era evidente que estaba locamente enamorado de mí. Y todo el mundo lo comentaba...

¡PARECE SUFICIENTEMENTE MAYOR PARA SER SU TÍO!

¿NO TIENE NOVIA?

¡ES TAN SOSO! ¿CÓMO LO SOPORTAS?

¿OTRA VEZ HABLANDO DE CHICOS, ANNE?

ME PARECE AGRADABLE, MUY EDUCADO, LIMPIO, CON BUEN ASPECTO.

DA IGUAL, DE TODOS MODOS NUNCA ME ENAMORARÉ DE ÉL.

PUES A MÍ ME CAE BIEN HELLO, Y AHORA QUE TE ACOMPAÑA YA NO TENDRÉ QUE PREOCU-PARME PENSANDO QUE VAS SOLA POR ESAS CALLES TAN PELIGROSAS.

El señor Kleiman y el señor Kugler se han hecho cargo de la empresa de papá.

¿POR QUÉ DESAPARECEN COSAS DE LA CASA, PAPÁ? MUEBLES, LIBROS, ROPA...

NO QUEREMOS QUE CAIGAN EN MANOS DE LOS ALEMANES, ¿VERDAD, CARIÑO?

Comprendí enseguida a qué se refería.

Supongo que hay escondites peores que una cueva del bosque, si es ahí donde vamos.

Querida Kitty:
Desde la mañana del domingo hasta ahora parece que hubieran pasado años. Han pasado tantas cosas... El domingo por la tarde volvía de un paseo con Hello y encontré a Margot y a mamá sentadas en el sofá. Margot estaba llorando y mamá la abrazaba. Mamá nunca la abraza.

Todos sabíamos lo que significaba una citación de las SS...

Pero yo sabía también que papá nunca dejaría que ocurriera.

Margot y yo empezamos a guardar lo indispensable en una cartera del colegio. ¡Imagínate tratando de escoger lo que te llevarás para vivir escondida! Era casi imposible.

Metí en la cartera las cosas más estúpidas, pero no me arrepiento. Me importan más los recuerdos que los vestidos.

¿NO CREES QUE DEBERÍAS COGER ALGO ÚTIL?

¿ÚTIL? ¿DESDE CUÁNDO SER ÚTIL HA HECHO FELIZ A ALGUIEN EN ESTA VIDA?

A medianoche vinieron Miep y Jan Gies, de la empresa de papá. Se llevaron nuestras pertenencias al escondite desconocido.

QUERIDO MOORTJE, NO PUEDO CREER QUE SEA LA ÚLTIMA VEZ QUE NOS ABRAZAMOS.

Mamá nos despertó a las cinco y media de la mañana. ¡Todos nos pusimos tanta ropa que no te lo creerías!

¿SABES, ANNE? TAL VEZ TUVIERAS RAZÓN EN LO QUE DIJISTE DE LOS RECUERDOS...

El plan era dar la impresión de que habíamos escapado atropelladamente. Papá le dejó una nota al vecino diciendo que habíamos huido a Suiza.

Estaba aterrada. En las caras de las personas con las que nos cruzábamos podía verse que se compadecían de nosotros.

El peligro acechaba en cada esquina.

ESOS JUDÍOS... NUNCA HACE SUFICIENTE CALOR PARA ELLOS...

¡Llegar a las oficinas de papá fue una gran sorpresa!

El personal estaba al tanto de nuestra llegada y nos recibió cordialmente.

Entonces me di cuenta de lo complicado que era moverse por el edificio de las oficinas de papá. La parte de delante se compone de oficinas y almacenes...

Pero nadie sospecharía que la parte de atrás contiene una vivienda entera.

Una escalera muy empinada... Luego, una ingeniosa estantería giratoria que lleva a... ¡la Casa de atrás!

¡QUÉ PEQUEÑA ES NUESTRA HABITACIÓN!

PIENSA EN LOS TRENES QUE VAN HACIA EL ESTE Y LA HABITACIÓN TE PARECERÁ ENORME.

DESPÍDETE DE LA LUZ LA LUNA...

Después de llegar a la Casa de atrás, supimos que los señores Van Daan y su hijo Peter se esconderían con nosotros.

NO ENTIENDO POR QUÉ PAPÁ LES HA DADO A LOS VAN DAAN LA HABITACIÓN MÁS GRANDE Y CÓMODA.

¿QUE POR QUÉ? ¡HACER ESO ES MUY PROPIO DE PAPÁ!

Tardé algún tiempo en poder escribirte...

Me preocupaba la posibilidad de no ser capaz de escribir, pero estoy deseando contártelo todo...

Te interesará saber qué me parece mi vida de escondida, pues bien, solo puedo decirte que ni yo misma lo sé muy bien. Creo que aquí nunca me sentiré realmente en casa, con lo que no quiero decir en absoluto que me desagrade estar aquí; más bien me siento como si estuviera pasando unas vacaciones en una pensión muy curiosa.

La primera noche que pasamos en la Casa de atrás nos reunimos en el dormitorio de los Van Daan, que también es el cuarto de estar, para escuchar el programa de radio de la BBC desde Londres.

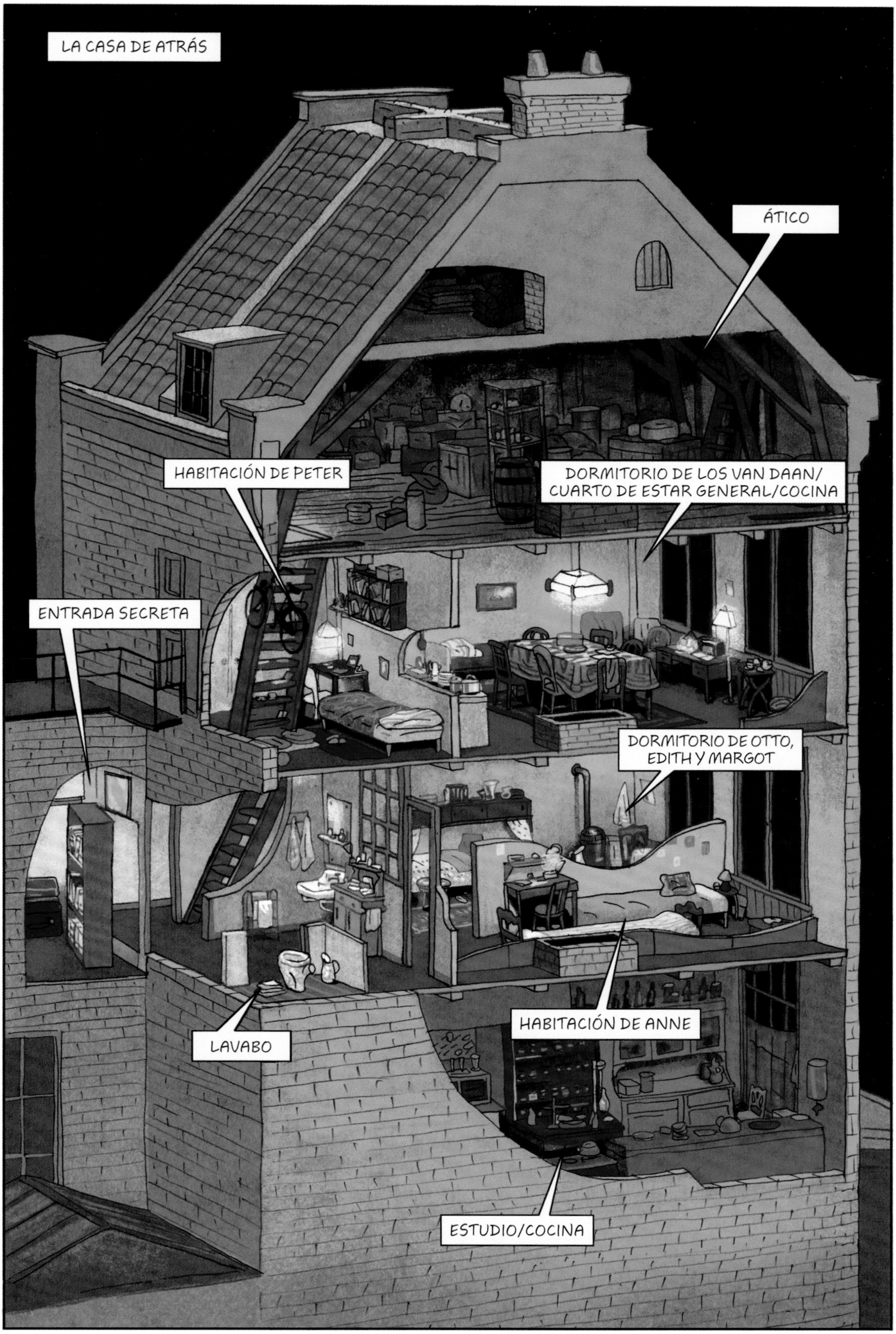
LA CASA DE ATRÁS
ÁTICO
HABITACIÓN DE PETER
DORMITORIO DE LOS VAN DAAN/
CUARTO DE ESTAR GENERAL/COCINA
ENTRADA SECRETA
DORMITORIO DE OTTO,
EDITH Y MARGOT
HABITACIÓN DE ANNE
LAVABO
ESTUDIO/COCINA

Querida Kitty: Hoy los Van Daan se han reunido por fin con nosotros en la Casa de atrás. En cuanto han entrado en la habitación, cada uno llevando su más valiosa posesión, me he dado cuenta de cómo serían. El señor Van Daan es un experto en especias que trabajaba en la empresa de papá. La señora Van Daan parece una diva del infierno. Y su hijo Peter se asusta de su propia sombra.

¡PETER, DEJA DE LEER ESA REVISTA COCHINA Y BAJA INMEDIATAMENTE!

SI HE DE MORIR AQUÍ, MÁS ME VALE ESTAR SENTADA EN MI ORINAL.

SI HE DE MORIR AQUÍ, TOMARÉ UNA TAZA MÁS DE BUEN TÉ CHINO.

NO TENGO PREVISTO MORIR AQUÍ. ¡HAY MUCHO POR LO QUE VIVIR!

ESTOY SEGURA DE QUE EDITH TAMBIÉN TIENE PROVISIONES SECRETAS.

El orinal no era lo único que tenía escondido la señora Van Daan. En general, todo lo considerado «imprescindible para una dama» acababa desapareciendo.

HE SIDO UNA DAMA TODA MI VIDA, ¡Y PIENSO SEGUIR SIENDO UNA DAMA POR MUCHO QUE EMPEOREN LAS COSAS!

¡NO SE PUEDEN IMAGINAR LOS RUMORES QUE CORREN SOBRE SU DESAPARICIÓN!

¡PETER, BAJA INMEDIATAMENTE!

Primer rumor: «Un oficial alemán de las SS que sirvió con Otto en la Primera Guerra Mundial logró colarlos a través de la frontera suiza».

BUENAS TARDES. EL BANCO ABRIRÁ ENSEGUIDA. SUPONGO QUE HABRÁN TRAÍDO DINERO JUDÍO PARA INGRESARLO.

Segundo rumor: «Los Frank emprendieron unas largas vacaciones en los Países Bajos».

Tercer rumor: «Una vecina jura haber visto cómo en medio de la noche los cargaban en un furgón militar».

¿POR QUÉ HA TENIDO QUE DECIR ESO, MALVADO?

VAMOS, ANNE, NO TE PASES. SOLO ERA UNA BROMA.

¿UNA BROMA? ¿QUÉ CLASE DE BROMA ES ESA?

¡PETER, BAJA INMEDIATAMENTE A CENAR!

Pero Peter nunca baja; siempre se está muriendo de alguna horrible enfermedad.

Siempre se trata de mi hermana y de mí...

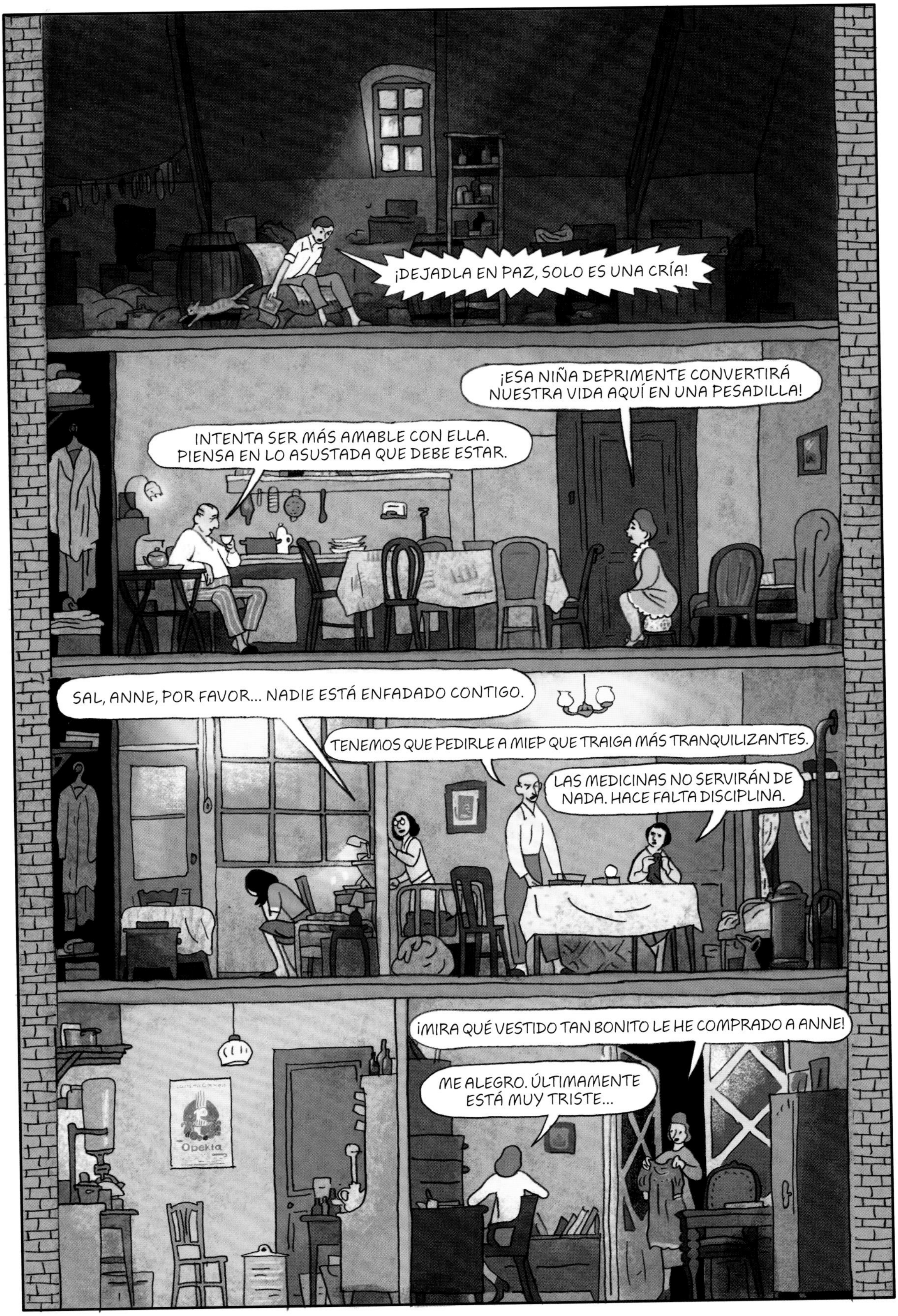
¡DEJADLA EN PAZ, SOLO ES UNA CRÍA!
¡ESA NIÑA DEPRIMENTE CONVERTIRÁ NUESTRA VIDA AQUÍ EN UNA PESADILLA!
INTENTA SER MÁS AMABLE CON ELLA. PIENSA EN LO ASUSTADA QUE DEBE ESTAR.
SAL, ANNE, POR FAVOR... NADIE ESTÁ ENFADADO CONTIGO.
TENEMOS QUE PEDIRLE A MIEP QUE TRAIGA MÁS TRANQUILIZANTES.
LAS MEDICINAS NO SERVIRÁN DE NADA. HACE FALTA DISCIPLINA.
Opekta
¡MIRA QUÉ VESTIDO TAN BONITO LE HE COMPRADO A ANNE!
ME ALEGRO. ÚLTIMAMENTE ESTÁ MUY TRISTE...

Querida Kitty: Desde la llegada de los Van Daan, hemos establecido una rutina diaria. Por las mañanas, mientras los trabajadores se afanan abajo, no podemos hacer ruido. Es entonces cuando estudiamos y aprendemos cosas de memoria.

A las 12.30 los trabajadores del almacén se van a comer a casa y todo el grupo suspira aliviado. Bep y Miep nos traen comida, pero debemos comer en completo silencio.

Bueno, los que son capaces de estar callados tres minutos seguidos.

A las 17.30 todos los trabajadores acaban la jornada, y eso marca el comienzo de nuestra libertad nocturna. Primero viene el baño, pero solo tenemos una tina para compartir.

¡EL AGUA ESTÁ HIRVIENDO! ¡ME MUERO!

A Peter le gusta bañarse en la cocina.

Naturalmente, la señora Van Daan no ha decidido dónde bañarse.

¿POR QUÉ INSISTES EN SUBIR ESO AL PISO DE ARRIBA? ¿NO PUEDES BAÑARTE EN EL ALMACÉN COMO TODO EL MUNDO?

¿ME HAS VISTO DESNUDO ÚLTIMAMENTE?

Así que aún no se ha bañado.

Papá se asea en el despacho, que es lo que más se acerca a volver a dirigir la empresa.

Digamos simplemente que mamá se baña en un ambiente protegido.

La hora del baño, en el estudio, con Margot, es un momento mágico, porque puedo echar una ojeada al mundo exterior.

Es la hora de la cena.

PARA ENERO LA PRINCESA JULIANA ESPERA EL NACIMIENTO DE UN NIÑO.

¡VAYA! ¡QUÉ ABURRIDO!

¿ABURRIDO? ¡ES LA NOTICIA MÁS EMOCIONANTE QUE HE OÍDO DESDE QUE VINIMOS!

Por la noche, los malos pensamientos invaden mi mente...

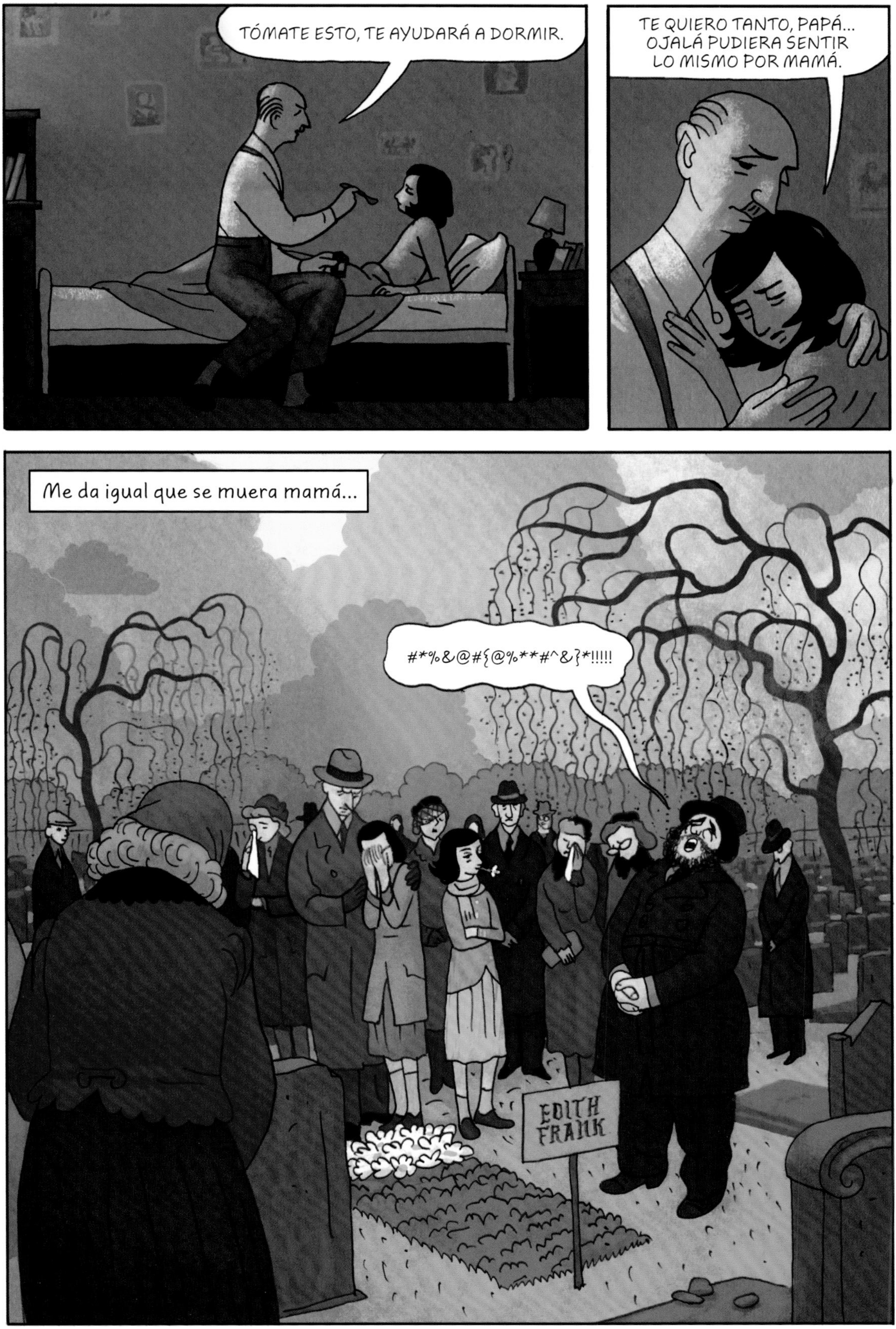
TÓMATE ESTO, TE AYUDARÁ A DORMIR.
TE QUIERO TANTO, PAPÁ... OJALÁ PUDIERA SENTIR LO MISMO POR MAMÁ.
Me da igual que se muera mamá...
#*%&@#{@%**#^&}*!!!!!
EDITH FRANK

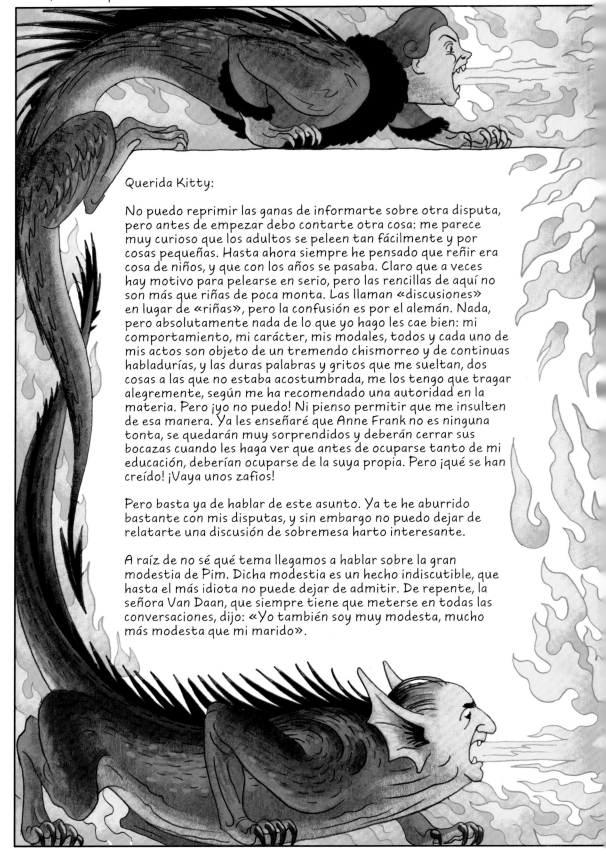

Querida Kitty:

No puedo reprimir las ganas de informarte sobre otra disputa, pero antes de empezar debo contarte otra cosa: me parece muy curioso que los adultos se peleen tan fácilmente y por cosas pequeñas. Hasta ahora siempre he pensado que reñir era cosa de niños, y que con los años se pasaba. Claro que a veces hay motivo para pelearse en serio, pero las rencillas de aquí no son más que riñas de poca monta. Las llaman «discusiones» en lugar de «riñas», pero la confusión es por el alemán. Nada, pero absolutamente nada de lo que yo hago les cae bien: mi comportamiento, mi carácter, mis modales, todos y cada uno de mis actos son objeto de un tremendo chismorreo y de continuas habladurías, y las duras palabras y gritos que me sueltan, dos cosas a las que no estaba acostumbrada, me los tengo que tragar alegremente, según me ha recomendado una autoridad en la materia. Pero ¡yo no puedo! Ni pienso permitir que me insulten de esa manera. Ya les enseñaré que Anne Frank no es ninguna tonta, se quedarán muy sorprendidos y deberán cerrar sus bocazas cuando les haga ver que antes de ocuparse tanto de mi educación, deberían ocuparse de la suya propia. Pero ¡qué se han creído! ¡Vaya unos zafios!

Pero basta ya de hablar de este asunto. Ya te he aburrido bastante con mis disputas, y sin embargo no puedo dejar de relatarte una discusión de sobremesa harto interesante.

A raíz de no sé qué tema llegamos a hablar sobre la gran modestia de Pim. Dicha modestia es un hecho indiscutible, que hasta el más idiota no puede dejar de admitir. De repente, la señora Van Daan, que siempre tiene que meterse en todas las conversaciones, dijo: «Yo también soy muy modesta, mucho más modesta que mi marido».

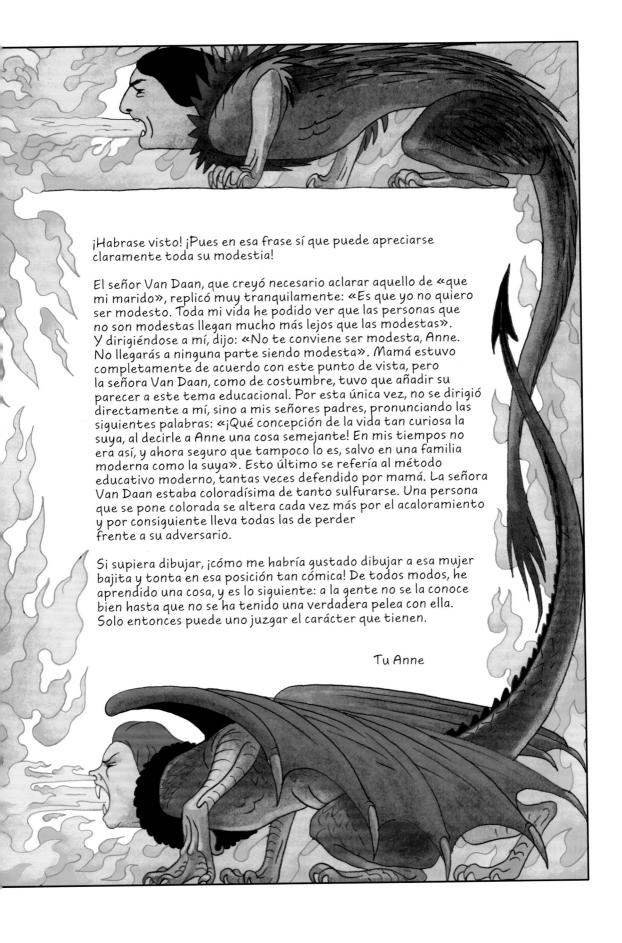

¡Habrase visto! ¡Pues en esa frase sí que puede apreciarse claramente toda su modestia!

El señor Van Daan, que creyó necesario aclarar aquello de «que mi marido», replicó muy tranquilamente: «Es que yo no quiero ser modesto. Toda mi vida he podido ver que las personas que no son modestas llegan mucho más lejos que las modestas». Y dirigiéndose a mí, dijo: «No te conviene ser modesta, Anne. No llegarás a ninguna parte siendo modesta». Mamá estuvo completamente de acuerdo con este punto de vista, pero la señora Van Daan, como de costumbre, tuvo que añadir su parecer a este tema educacional. Por esta única vez, no se dirigió directamente a mí, sino a mis señores padres, pronunciando las siguientes palabras: «¡Qué concepción de la vida tan curiosa la suya, al decirle a Anne una cosa semejante! En mis tiempos no era así, y ahora seguro que tampoco lo es, salvo en una familia moderna como la suya». Esto último se refería al método educativo moderno, tantas veces defendido por mamá. La señora Van Daan estaba coloradísima de tanto sulfurarse. Una persona que se pone colorada se altera cada vez más por el acaloramiento y por consiguiente lleva todas las de perder frente a su adversario.

Si supiera dibujar, ¡cómo me habría gustado dibujar a esa mujer bajita y tonta en esa posición tan cómica! De todos modos, he aprendido una cosa, y es lo siguiente: a la gente no se la conoce bien hasta que no se ha tenido una verdadera pelea con ella. Solo entonces puede uno juzgar el carácter que tienen.

Tu Anne

Querida Kitty: Últimamente me dejan leer más libros para adultos. Ahora estoy leyendo *La niñez de Eva*, de Nico van Suchtelen.

Eva pensaba que los niños crecían en los árboles, como las manzanas.

Ella pensaba que la gata ponía huevos, igual que las gallinas, y que se ponía a empollarlos.

Cogió un chal de lana y lo extendió en el suelo, donde caería el huevo. Entonces se puso en cuclillas a hacer fuerza. Al mismo tiempo empezó a cacarear, pero no le vino ningún huevo... solo algo apestoso que parecía una salchichita. Con el tiempo, Eva creció y comprendió que las mujeres no ponen huevos.

Algunas tienen que vender sus cuerpos en unos callejones para ganar dinero.

Me imagino que... viajo a Suiza. Papá y yo dormimos en la misma habitación, en la enorme mansión familiar de mi padre en los Alpes.

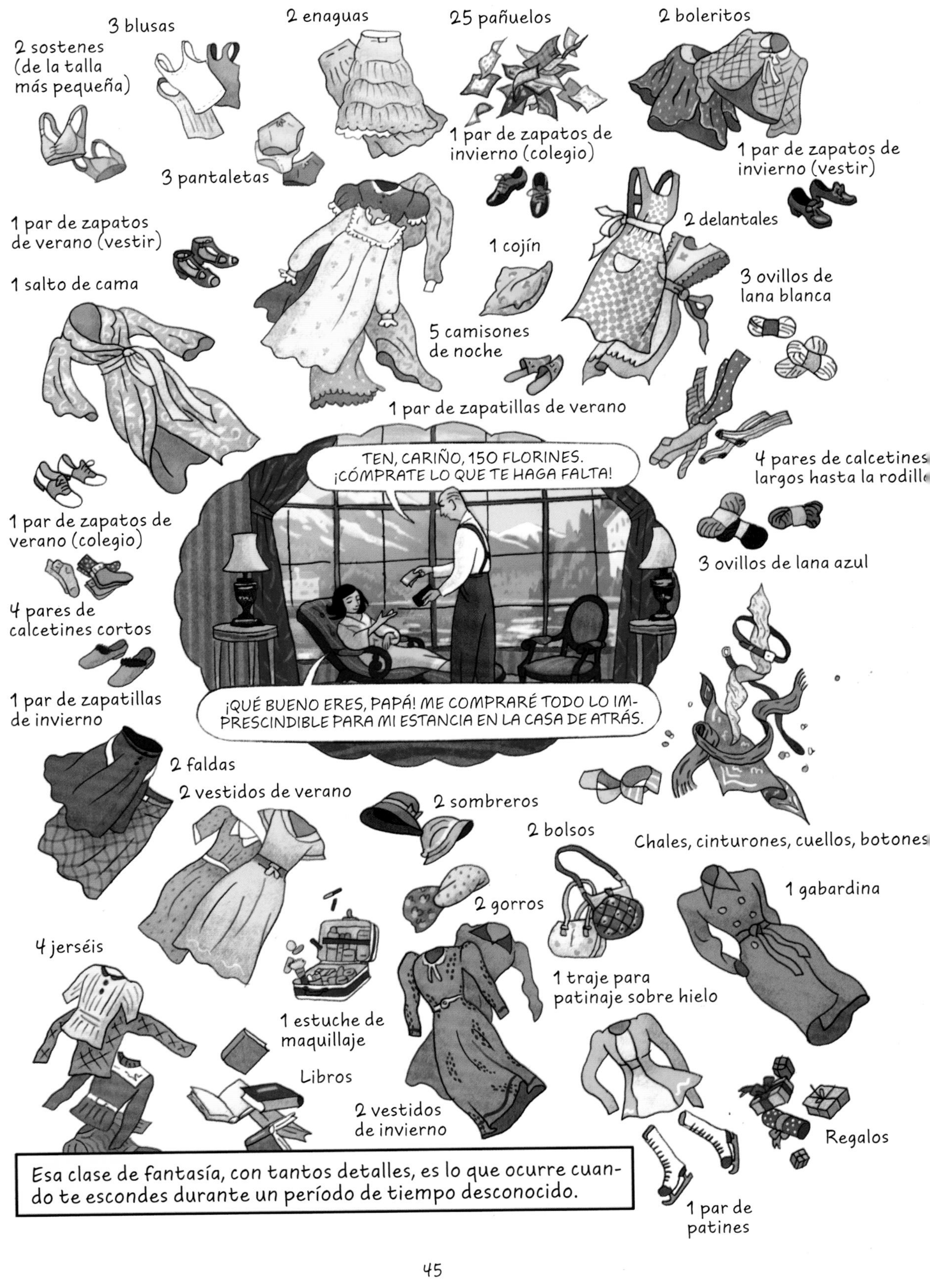

2 sostenes (de la talla más pequeña)
3 blusas
3 pantaletas
2 enaguas
25 pañuelos
2 boleritos
1 par de zapatos de invierno (colegio)
1 par de zapatos de invierno (vestir)
1 par de zapatos de verano (vestir)
1 cojín
2 delantales
1 salto de cama
5 camisones de noche
3 ovillos de lana blanca
1 par de zapatillas de verano
4 pares de calcetines largos hasta la rodill
TEN, CARIÑO, 150 FLORINES. ¡CÓMPRATE LO QUE TE HAGA FALTA!
¡QUÉ BUENO ERES, PAPÁ! ME COMPRARÉ TODO LO IMPRESCINDIBLE PARA MI ESTANCIA EN LA CASA DE ATRÁS.
1 par de zapatos de verano (colegio)
3 ovillos de lana azul
4 pares de calcetines cortos
1 par de zapatillas de invierno
2 faldas
2 vestidos de verano
2 sombreros
2 bolsos
Chales, cinturones, cuellos, botones
1 gabardina
2 gorros
4 jerséis
1 traje para patinaje sobre hielo
1 estuche de maquillaje
Libros
2 vestidos de invierno
Regalos
1 par de patines

Esa clase de fantasía, con tantos detalles, es lo que ocurre cuando te escondes durante un período de tiempo desconocido.

Hoy Miep nos ha dado una noticia terrible del mundo real: vio cómo la Gestapo se llevaba a su vecina judía y no pudo hacer nada para ayudarla.

Más tarde, conoció a un hombre que había logrado escapar de un campo de concentración. Cuando Miep le preguntó por su vecina, él le dijo que seguramente la habían trasladado a Westerbork en un vagón de ganado.

Debe de ser un sitio horroroso. A la gente no le dan casi de comer y menos de beber. Solo hay agua una hora al día, y no hay más que un retrete y un lavabo para varios miles de personas... Nosotros suponemos que a la mayoría de la gente la matan. La radio inglesa dice que los matan en cámaras de gas, quizá sea la forma más rápida de morir.

47

Lunes, 9 de noviembre de 1942

Querida Kitty: Ayer fue el cumpleaños de Péter. A las 8 en punto yo ya estaba en su ático.

BUENO, ¿QUÉ TE HAN REGALADO?

NO SABÍA QUE FUMARAS...

LO HAGO A VECES. ME DA UN AIRE DISTINGUIDO...

En honor del cumpleaños de Peter, ¡recibimos la noticia de que los ingleses habían desembarcado en Túnez, Argel y Casablanca!

COMO DICE CHURCHILL, «NO SE DEBE PENSAR QUE SEA EL PRINCIPIO DEL FIN. YO MÁS BIEN DIRÍA QUE SIGNIFICA EL FIN DEL PRINCIPIO».

Otra razón para el optimismo en el cumpleaños de Peter: la ciudad rusa de Stalingrado aún no ha sido entregada a los alemanes.

Para darte una idea de otro aspecto de nuestra vida en la Casa de atrás, tendré que escribirte algo sobre nuestra provisión de alimentos.

Cada día el señor Kleiman se reúne con su panadero secreto y compra dos panes. Pero el precio sube cada día.

No conseguimos tanto pan como en casa, naturalmente, pero nos alcanza.

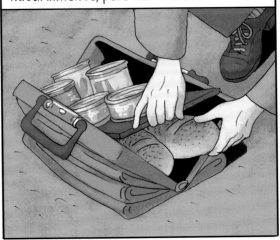

Tenemos unas cien latas de conserva almacenadas en la Casa de atrás, pero la mayoría de nuestras reservas consisten en col, pastel de carne y encurtidos.

Y luego están las habichuelas... Debemos tener unos 130 kilos almacenados en sacos.

¿SABES CUÁNTO GAS PUEDE PRODUCIR UNA PERSONA CON 130 KILOS DE HABICHUELAS?

Las judías colgadas ocupaban todo nuestro espacio vital, así que decidimos que era mejor llevarlas al ático.

Pero un saco se rompió y una lluvia, mejor dicho, un granizo, de judías pintas voló por el aire y rodó por la escalera. Fue un ruido infernal.
Al principio creímos que nos estaban bombardeando.

Tuvimos que recoger cada una de las judías. Nunca se sabe cuándo puedes necesitar una sabrosa judía en el futuro.

Querida Kitty: ¡Papá me dio ayer una noticia fantástica!

CARIÑO, VAMOS A RESCATAR A OTRO JUDÍO, QUE SE ALOJARÁ CON NOSOTROS EN LA CASA DE ATRÁS. TENDRÁ QUE DORMIR EN TU HABITACIÓN, ANNE.

POR SUPUESTO, PAPÁ. HARÉ LO QUE HAGA FALTA PARA SALVAR UNA VIDA MÁS.

Pero cuando papá se marchó comprendí que tendría que despedirme del privilegio de estar a solas contigo, Kitty, cada vez que quiera.

Mi nuevo compañero de cuarto se llama Albert Dussel. Es el dentista de Miep.

NO SÉ QUÉ HACER... ¡TENGO QUE ENCONTRAR UN ESCONDITE!

PUEDE QUE YO TENGA LA SOLUCIÓN. ¡PERO NO ME ARRANQUE TODOS LOS DIENTES!

Tres días después, el doctor Dussel llegó a la Casa de atrás. Traía todo su equipo de dentista.

¡¿OTTO FRANK?! ¡NO PUEDO CREERLO! PENSABA QUE HABÍA ESCAPADO CON SU FAMILIA A SUIZA.

ENTONCES, FUNCIONÓ NUESTRO TRUCO.

Más tarde, Margot y yo echamos un vistazo a su equipo.

¡MADRE MÍA, QUÉ ASCO! Y QUÉ MIEDO...

ESPEREMOS QUE TAMBIÉN LLEVE GAS HILARANTE...

Yo había preparado un prospecto para el doctor Dussel, explicando las normas de la Casa de atrás.

Alquiler: ¡gratuito!

La Casa de atrás

Establecimiento especial para la permanencia temporal de judíos y similares.

Situación: zona tranquila y boscosa en el corazón de Amsterdam. Sin vecinos particulares.

Comidas: ¡solo sin grasas! Desayuno: a las 9 de la mañana (en silencio, salvo los fines de semana) Almuerzo: de 13.15 a 13.45 horas (en silencio, salvo los fines de semana) Cena: sin horario fijo, debido a los partes informativos.

Durante las comidas: no se permiten emisoras alemanas.

Bebidas fuertes: solo por prescripción médica.

Mascotas: solo en el ático.

Aseo personal: bajo su propia responsabilidad, por las noches o los fines de semana.

Dussel nos ha contado mucho de lo que está pasando fuera, en ese mundo exterior que tanto echamos de menos.

¿CUÁNTO ME DAN POR UNA FAMILIA DE CINCO JUDÍOS?

15 FLORINES POR CABEZA.

VAYAN AL NÚMERO 15, TERCER PISO, PUERTA IZQUIERDA. CINCO CABEZAS.

¡Como una cacería de esclavos de las que se hacían antes!

Por las noches veo a menudo a esa pobre gente inocente desfilando en la oscuridad, con niños que lloran, siempre en marcha, hasta casi no poder más. No respetan a nadie: ancianos, niños, bebés, enfermos, todos sin excepción marchan en el camino de la muerte.

Viernes, 20 de noviembre de 1942

Querida Kitty:

Ninguno de nosotros sabe muy bien qué actitud adoptar. Hasta ahora nunca nos habían llegado tantas noticias sobre la suerte de los judíos y nos pareció mejor conservar en lo posible el buen humor. Las pocas veces que Miep ha soltado algo sobre las cosas terribles que le sucedieron a alguna conocida o amiga, mamá y la señora Van Daan se han puesto cada vez a llorar, de modo que Miep decidió no contarles nada más. Pero a Dussel enseguida lo acribillaron a preguntas, y las historias que contó eran tan terribles y bárbaras que no eran como para entrar por un oído y salir por el otro.

Sin embargo, cuando ya no tengamos las noticias tan frescas en nuestras memorias, seguramente volveremos a contar chistes y a gastarnos bromas. De nada sirve seguir tan apesadumbrados como ahora. A los que están fuera de todos modos no podemos ayudarlos. ¿Y qué sentido tiene hacer de la Casa de atrás una «casa melancolía»?

En todo lo que hago me acuerdo de todos los que están ausentes. Y cuando alguna cosa me da risa, me asusto y dejo de reír, pensando en que es una vergüenza que esté tan alegre. Pero ¿es que tengo que pasarme el día llorando? No, no puedo hacer eso, y esta pesadumbre ya se me pasará.

A todos estos pesares se les ha sumado ahora otro más, pero de tipo personal, y que no es nada comparado con la desgracia que acabo de relatar. Sin embargo, no puedo dejar de contarte que últimamente me estoy sintiendo muy abandonada, que hay un gran vacío demasiado grande a mi alrededor. Antes nunca pensaba realmente en estas cosas; mis alegrías y mis amigas ocupaban todos mis pensamientos. Ahora solo pienso en cosas tristes o acerca de mí misma. Y finalmente he llegado a la conclusión de que papá, por más bueno que sea, no puede suplantar él solo a mi antiguo mundo. Mamá y Margot ya no cuentan para nada en cuanto a mis sentimientos.

Pero ¿por qué molestarte con estas tonterías, Kitty? Soy muy ingrata, ya lo sé, pero ¡la cabeza me da vueltas cuando no hacen más que reñirme, y además, solo me vienen a la mente todas estas cosas tristes!

Tu Anne

Querida Kitty: Por fin, tras seis meses en la Casa de atrás, he descubierto lo único que se le da bien al señor Van Daan. Ocurrió un día en que el señor Kleiman llegó con una sonrisa en los labios.

¡MIREN LO QUE HE CONSEGUIDO EN EL MERCADO NEGRO!

¿NO SE LE HA PASADO A ESE BUEY LA FECHA DE CADUCIDAD?

ES UNA VACA, PAPÁ.

¡DESPUÉS DE SEIS MESES! ES UN SUEÑO HECHO REALIDAD.

Al señor Van Daan se le contrató por sus cualidades de especiero, pero está mostrando su lado de charcutero, lo que no nos viene nada mal. (También le gusta comerse los embutidos...)

¡GRACIAS A MI MEZCLA SECRETA DE ESPECIAS, TENDREMOS BASTANTE PARA VIVIR MÁS DE LO QUE DURÓ LA GUERRA DE LOS CIEN AÑOS ENTRE INGLATERRA Y FRANCIA!

NO PUEDO SEGUIR REMOVIENDO ESTA SOPA. ¡ME DUELE LA ESPALDA!

PUES QUIZÁ NO DEBERÍA HABER DEJADO QUE LE ENGORDASE TANTO EL TRASERO DESDE QUE LLEGÓ AQUÍ...

¿NO MURIÓ NAPOLEÓN DE COMER TANTOS EMBUTIDOS?

SÍ, PERO ESO FUE PORQUE EL POBRE NO TENÍA MI FÓRMULA SECRETA.

Era evidente que el pobre Herman van Daan ansiaba llamar la atención. Tanto, que las dos señoras de la Casa de atrás tuvieron que reaccionar.

TENIENDO EN CUENTA NUESTRA DIETA, ES HORA DE HACER EL PRIMER TRATAMIENTO DENTAL. ¿ALGÚN VOLUNTARIO?

¡YO, POR SUPUESTO!

PUES CLARO... ¿QUIÉN SI NO?

VAYA... TIENE DOS CARIES. PODRÍAMOS ESCONDER A OTRA FAMILIA JUDÍA DENTRO.

PREFERIRÍA OPERARME A SALVAR A OTRA FAMILIA.

COMO DESINFECTANTE, ¡EL MEJOR PERFUME DEL MUNDO!

¿CÓMO NO?

Después de mucho dar vueltas, patear y chillar, se resolvió el problema. He de decir que la paciente mostró un gran coraje.

!*$#@

La señora no tardó en volver a su trabajo en la cocina, pero lo que es seguro es que dejará pasar algún tiempo antes de pedir que le hagan otro tratamiento.

Domingo, 13 de diciembre de 1942

Ayer por la tarde, mientras Margot y yo nos bañábamos en el estudio, miré por la ventana a través de la rendija del cortinaje.

NO TE ACERQUES MUCHO A LA VENTANA...

Los niños de nuestro barrio están tan sucios que da asco tocarlos.

¿Qué pasaría si con una caña de pescar pescara a los niños y los metiera en la tina, uno por uno, les lavara y arreglara la ropa...?

MAÑANA ESTARÍAN IGUAL DE MUGRIENTOS Y CON LA ROPA IGUAL DE ROTA QUE ANTES.

Luego empezó a llover con fuerza y solo pude ver un mar de paraguas. Pero ya sé reconocer a las mujeres de un vistazo: demasiado gordas de comer patatas, vestidas con un abrigo rojo o verde y zapatos gastados...

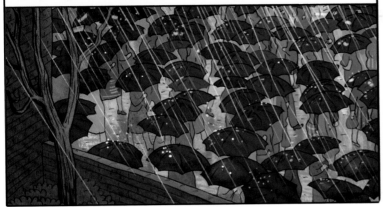

Entonces sucedió algo extraordinario: reconocí a dos judíos que conocía de nuestro antiguo barrio.

Fue como si se tratara de una de las Siete maravillas del mundo.

¿A QUÉ MARAVILLA RENUNCIARÍAS PARA SALVAR A LOS JUDÍOS?

SEGURAMENTE AL FARO. DE TODOS MODOS, NO NOS RESCATARÁ NINGÚN BARCO...

Fue una sensación tan extraña... como si los hubiera traicionado y estuviera espiando su desgracia.

Martes, 22 de diciembre de 1942

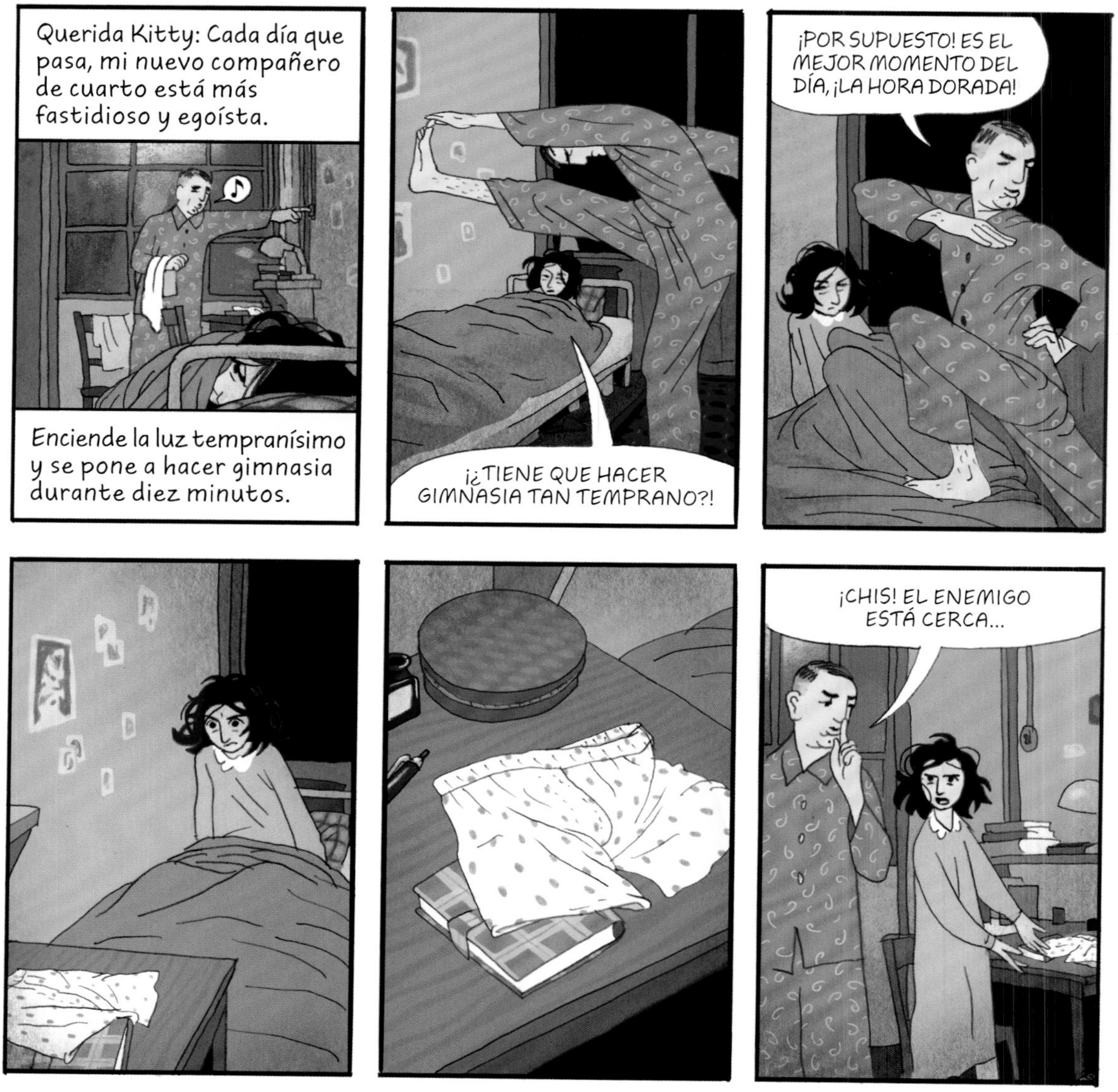
Querida Kitty: Cada día que pasa, mi nuevo compañero de cuarto está más fastidioso y egoísta.
Enciende la luz tempranísimo y se pone a hacer gimnasia durante diez minutos.
¡¿TIENE QUE HACER GIMNASIA TAN TEMPRANO?!
¡POR SUPUESTO! ES EL MEJOR MOMENTO DEL DÍA, ¡LA HORA DORADA!
¡CHIS! EL ENEMIGO ESTÁ CERCA...

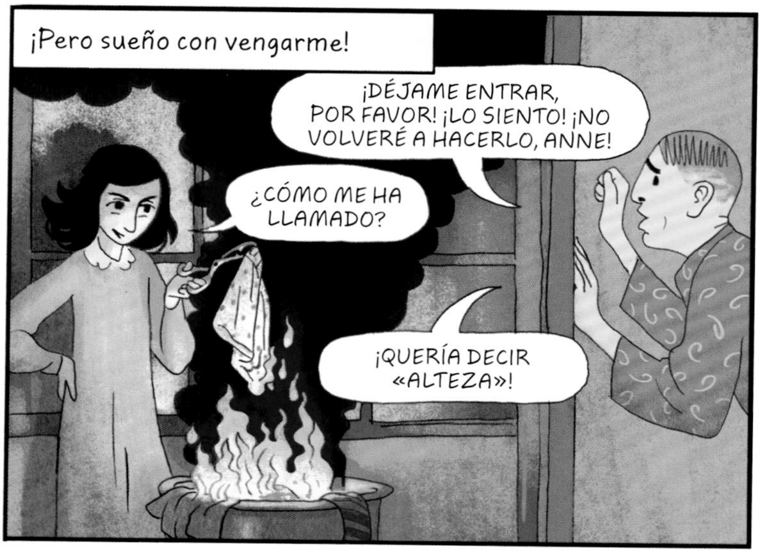
¡Pero sueño con vengarme!
¡DÉJAME ENTRAR, POR FAVOR! ¡LO SIENTO! ¡NO VOLVERÉ A HACERLO, ANNE!
¿CÓMO ME HA LLAMADO?
¡QUERÍA DECIR «ALTEZA»!

¡Qué sensata me estoy volviendo! Aquí todo debe hacerse con sensatez: estudiar, obedecer, cerrar el pico, ayudar, ser buena, ceder y no sé cuántas cosas más. Temo que mi sensatez, que no es muy grande, se esté agotando demasiado rápido y que no me quede nada para después de la guerra.

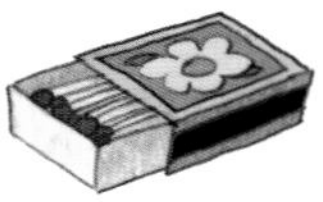

Sábado, 30 de enero de 1943

Querida Kitty:

Me hierve la sangre y tengo que ocultarlo. Quisiera patalear, gritar, sacudir con fuerza a mamá, llorar y no sé qué más, por todas las palabras desagradables, las miradas burlonas, las recriminaciones que como flechas me lanzan todos los días con sus arcos tensados y que se clavan en mi cuerpo sin que pueda sacármelas. A mamá, Margot, Van Daan, Dussel y también a papá me gustaría gritarles: «¡Dejadme en paz, dejadme dormir por fin una noche sin que moje de lágrimas la almohada, me ardan los ojos y me latan las sienes! ¡Dejadme que me vaya lejos, muy lejos, lejos del mundo si fuera posible!».

Pero no puedo. No puedo mostrarles mi desesperación, no puedo hacerles ver las heridas que han abierto en mí. No soportaría su compasión ni sus burlas bienintencionadas. En ambos casos me daría por gritar.

Todos dicen que hablo de manera afectada, que soy ridícula cuando callo, descarada cuando contesto, taimada cuando tengo una buena idea, holgazana cuando estoy cansada, egoísta cuando como un bocado de más, tonta, cobarde, calculadora, etcétera. Todo el santo día me están diciendo que soy una tipa insoportable, y aunque me río de ello y hago como que no me importa, en verdad me afecta, y me gustaría pedirle a Dios que me diera otro carácter, uno que no haga que la gente siempre descargue su furia sobre mí.

Pero no es posible, mi carácter me ha sido dado tal cual es, y siento en mí que no puedo ser mala. Me esfuerzo en satisfacer los deseos de todos, más de lo que se imaginan aun remotamente. Arriba trato de reír, pues no quiero mostrarles mis penas.

Me es imposible ser toda melosa un día, y al otro día dejar que me echen a la cara todo su odio. Prefiero el justo medio, que de justo no tiene nada, y no digo nada de lo que pienso, y alguna vez trato de ser tan despreciativa con ellos como ellos lo son conmigo.

¡Ay, si solo pudiera!

Tu Anne

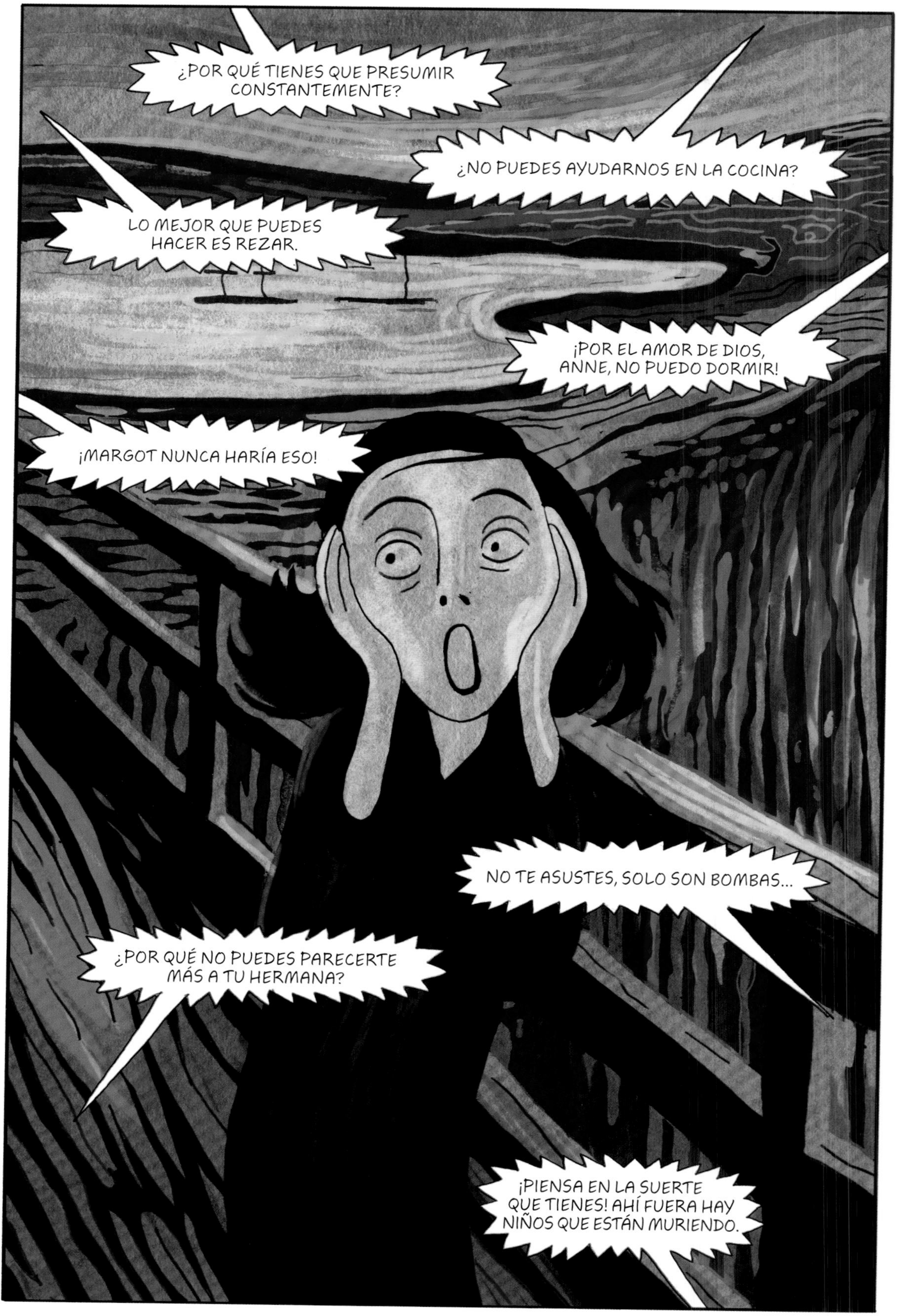
¿POR QUÉ TIENES QUE PRESUMIR CONSTANTEMENTE?
¿NO PUEDES AYUDARNOS EN LA COCINA?
LO MEJOR QUE PUEDES HACER ES REZAR.
¡POR EL AMOR DE DIOS, ANNE, NO PUEDO DORMIR!
¡MARGOT NUNCA HARÍA ESO!
NO TE ASUSTES, SOLO SON BOMBAS...
¿POR QUÉ NO PUEDES PARECERTE MÁS A TU HERMANA?
¡PIENSA EN LA SUERTE QUE TIENES! AHÍ FUERA HAY NIÑOS QUE ESTÁN MURIENDO.

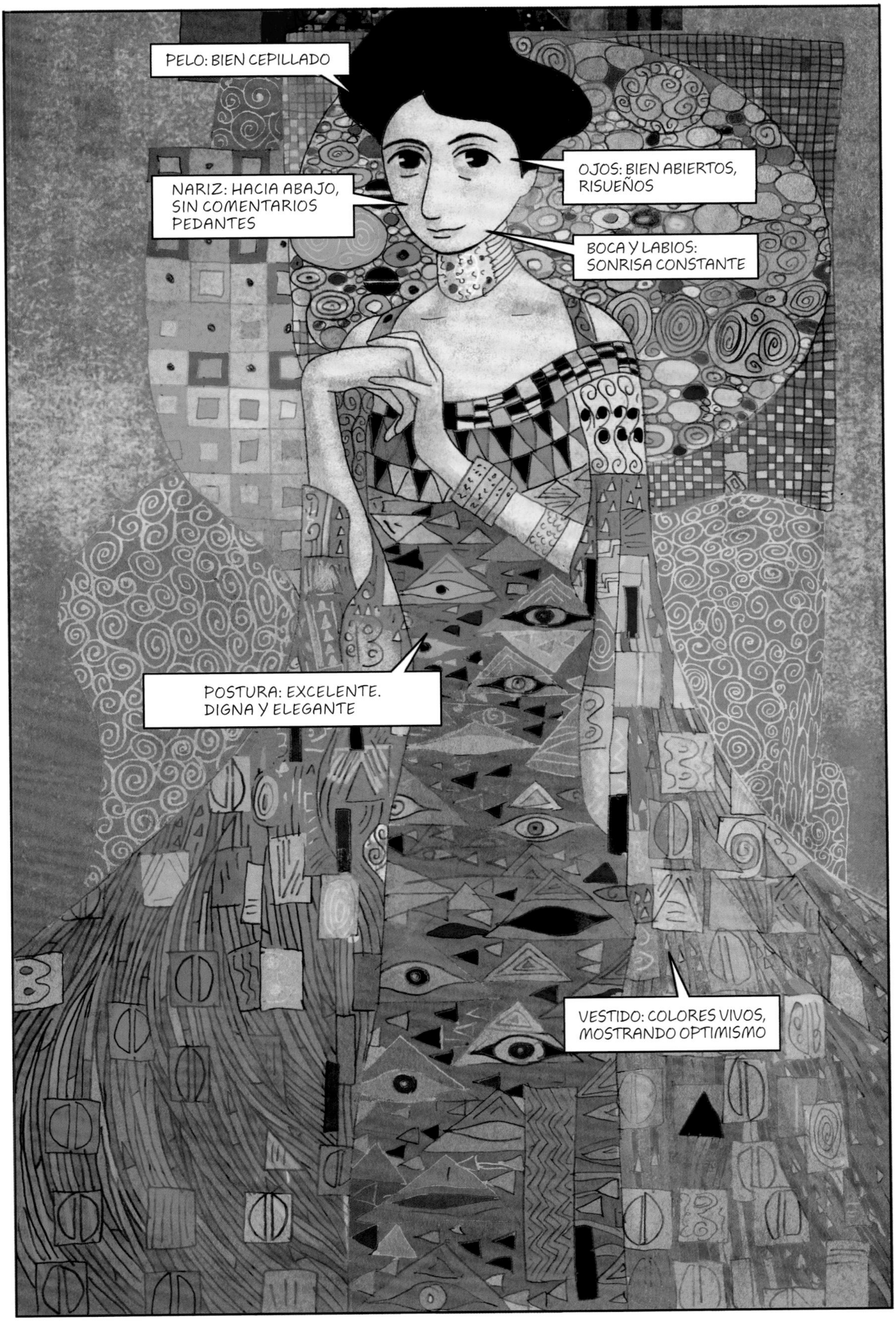
PELO: BIEN CEPILLADO
NARIZ: HACIA ABAJO, SIN COMENTARIOS PEDANTES
OJOS: BIEN ABIERTOS, RISUEÑOS
BOCA Y LABIOS: SONRISA CONSTANTE
POSTURA: EXCELENTE. DIGNA Y ELEGANTE
VESTIDO: COLORES VIVOS, MOSTRANDO OPTIMISMO

Querida Kitty: Anoche se produjo un cortocircuito. Además, hubo tiros a granel. Todavía no le he perdido el miedo a todo lo que sea metrallas o aviones y casi todas las noches me refugio en la cama de papá para que me consuele.

El mayor miedo de la señora son los ladrones.

Y el mayor miedo de Peter son las ratas.

Los demás habitantes de la Casa de atrás comparten un miedo:

Viernes, 19 de marzo de 1943

El doctor Dussel está muy triste porque echa mucho de menos a su querida Lotje.

MI QUERIDO ALBERT: ME SIENTO MUY CULPABLE POR SER CRISTIANA Y VIVIR SEGURA COMO SI NO ESTUVIERA OCURRIENDO NADA.

EMPIEZA A ESCRIBIR, MARGOT: «MI QUERIDA LOTJE, SI AÑORAR A ALGUIEN PUEDE MATAR, YA SOY HOMBRE MUERTO».

Hizo que Miep y Bep hicieran de Cupido entregando sus cartas a Lotje.

Pero cuando papá se enteró...

¡ALBERT, NO SE ATREVA NUNCA MÁS A ENVIAR SUS CARTAS! ¡SI ALGUIEN SE ENTERARA, MORIRÍAMOS LOS OCHO!

MARGOT, ME SORPRENDES. NO ME LO ESPERABA.

¡PERO TODO ERA POR AMOR!

Bueno, si nos ejecutasen por amor, sería una buena forma de morir.

65

Jueves, 1 de abril de 1943

Querida Kitty: En este momento crítico para la empresa de papá, 3 de nuestros 4 salvadores están de baja.

El señor Kleiman tuvo que volver a operarse del intestino.

Bep tiene una fuerte gripe.

Y el señor Voskuijl sufre su ataque de úlcera.

Como todo el mundo estaba enfermo, el señor Kugler tuvo un gran día: se reunió con una delegación alemana para una operación comercial muy importante.

YA SABE QUE TENGO PLENA CONFIANZA EN USTED.

¡NO ME PONGA MÁS NERVIOSO DE LO QUE ESTOY!

¡IMAGÍNESE QUE EL PROTAGONISTA ESTÁ MALO Y QUE ESTA ES SU GRAN OCASIÓN!

SER O NO SER, HE AHÍ LA CUESTIÓN...

TENDREMOS QUE HACER TURNOS PARA ESCUCHAR LA REUNIÓN. AQUÍ, ASÍ...

DEBÉIS APRENDEROS DE MEMORIA CADA PALABRA.

¿NO PODEMOS ANOTAR LO QUE DICEN?

¡NO! OIRÁN LA PLUMA RASCANDO EL PAPEL.

66

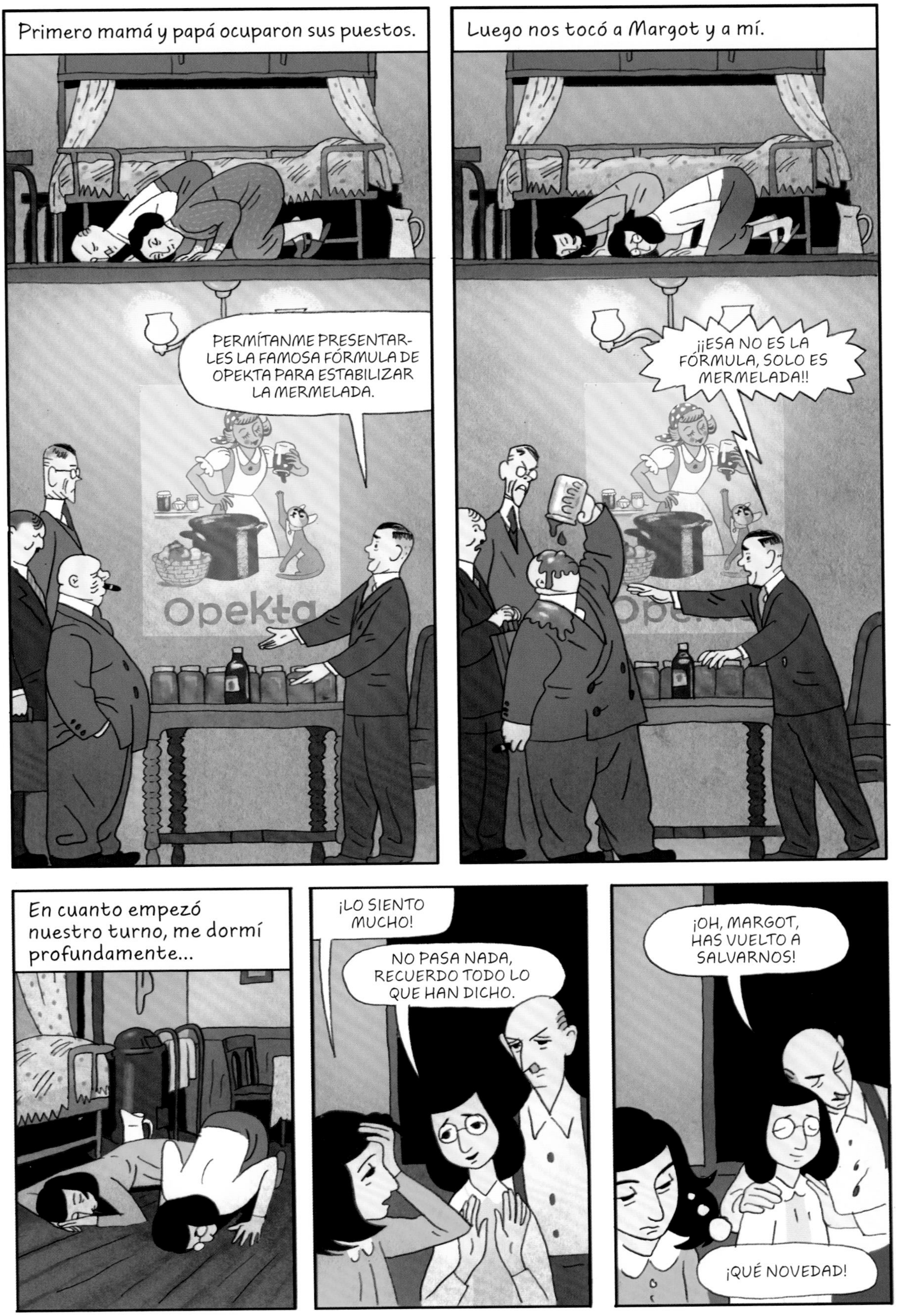
Primero mamá y papá ocuparon sus puestos.
PERMÍTANME PRESENTARLES LA FAMOSA FÓRMULA DE OPEKTA PARA ESTABILIZAR LA MERMELADA.
Opekta
Luego nos tocó a Margot y a mí.
¡¡ESA NO ES LA FÓRMULA, SOLO ES MERMELADA!!
En cuanto empezó nuestro turno, me dormí profundamente...
¡LO SIENTO MUCHO!
NO PASA NADA, RECUERDO TODO LO QUE HAN DICHO.
¡OH, MARGOT, HAS VUELTO A SALVARNOS!
¡QUÉ NOVEDAD!

Martes, 27 de abril de 1943

Querida Kitty: Los bombardeos británicos aumentan día tras día. El hotel Carlton ha quedado destruido. Unos aviones ingleses que llevaban un gran cargamento de bombas incendiarias cayeron justo en el centro de oficiales alemán. Por las noches ya no dormimos.

En estos tiempos de toque de queda y sin suministros de nuestros ángeles de la guarda, nuestra comida se ha convertido en un experimento biológico.

EL CAFÉ ES DE MENTIRA. NO TIENE SENTIDO DESPERTARSE.

NO RECUERDO DE MIS DÍAS DE COLEGIO QUE LAS VERDURAS PUDIERAN CONVERTIRSE EN ANIMALES.

VAMOS, MOUSCHI, A VER CÓMO TE COMES ESTO.

ME PREGUNTO SI SERÁ ESO LO QUE LES DAN DE COMER EN LOS CAMPOS.

PREFIERO COMERME MI TABACO Y MORIR DE DIARREA.

PREFIERO COMERME MI PROPIO HÍGADO Y MORIR AHORA MISMO.

¡Quien quiera adelgazar, que pase una temporada en la Casa de atrás!

Pero no todo el mundo sigue una dieta sin grasas. El doctor Dussel se sienta solo, a oscuras, a disfrutar de los manjares que le envía su querida Lotje.

Querida Kitty: Justo cuando pensábamos que por fin empezaba una época de silencio y sosiego, empezaron a sonar fuertes disparos. Tan fuertes, que hice y deshice mi «maleta para la huida» cuatro veces, por si teníamos que escapar rápidamente.

¿QUÉ HACES?

¡HUIR, POR SUPUESTO!

¿HUIR? ¡ADÓNDE PIENSAS HUIR? DÉJALO Y VEN A PEINARME.

TIENES EL PELO MUY ENREDADO...

NO ES MI PELO, ES EL PEINE...

Era verdad: al peine solo le quedaban ocho dientes.

El estado del peine me llevó a examinar la situación después de un año entero en la Casa de atrás.

El hule de la mesa, por ejemplo, ¡no se ha lavado nunca!

La corbata de papá: ¡apolillada!

El corsé de mamá: deshilachado. ¡Ya no se puede arreglar!

El sostén de Margot: ¡al menos 2 tallas más pequeño del que necesitaría!

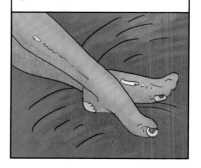

Las medias de la señora: ¡.........!

Las sábanas de los Van Daan: ¡no se han lavado en todo el año!

A veces me asusta pensar: si ahora usamos cosas gastadas, desde mis bragas hasta la brocha de afeitar de papá, ¿cómo tendremos que hacer para volver a pertenecer a nuestra clase social de antes de la guerra?

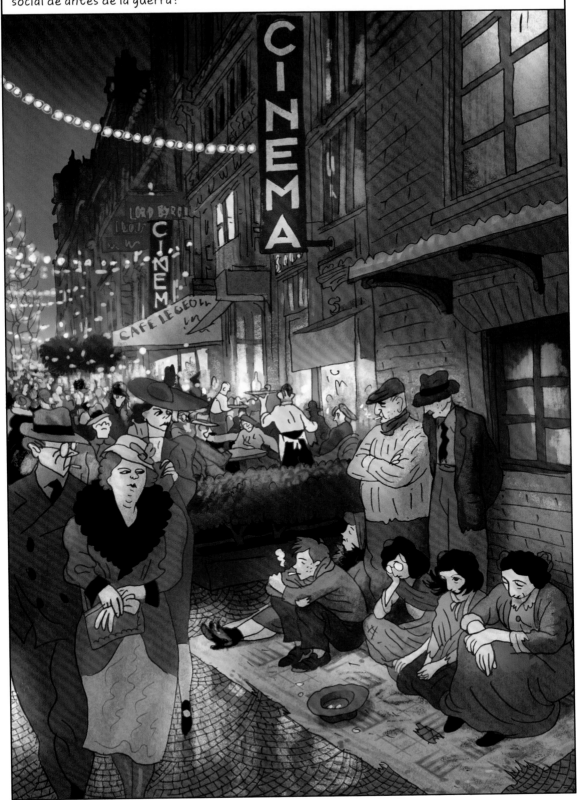

Querida Kitty: ¿Quién habría imaginado que seguiría aquí, un año después de mudarme a la Casa de atrás, celebrando otro cumpleaños? No puede compararse con la celebración del año pasado, pero papá me ha hecho un poema tan bonito que no quisiera dejar de enseñártelo:

Siendo la más pequeña, aunque ya no una niña,
no lo tienes fácil; todos quieren ser
un poco tu maestro, y no te causa placer.
«¡Tenemos experiencia!» «¡Sé lo que te digo!»
«Para nosotros no es la primera vez,
sabemos muy bien lo que hay que hacer.»
Sí, sí, es siempre la misma historia
y todos tienen muy mala memoria.
Nadie se fija en sus propios defectos,
solo miran los errores ajenos;
a todos les resulta muy fácil regañar
y lo hacen a menudo sin pestañear.
A tus padres nos resulta difícil ser justos,
tratando de que no haya mayores disgustos;
regañar a tus mayores es algo que está mal
por mucho que te moleste la gente de edad,
como una píldora has de tragar
sus regañinas para que haya paz.
Los meses aquí no pasan en vano,
aprovéchalos bien con tu estudio sano,
que estudiando y leyendo libros por cientos
se ahuyenta el tedio y el aburrimiento.
La pregunta más difícil es sin duda:
«¿Qué me pongo? No tengo ni una muda,
todo me va chico, pantalones no tengo,
mi camisa es un taparrabo, pero es lo de menos.
Luego están los zapatos: no puedo ya decir
los dolores inmensos que me hacen sufrir».
Cuando creces 10 cm no hay nada que hacer;
ya no tienes ni un trapo que te puedas poner.

Como si mi cumpleaños no fuese bastante deprimente, acabamos de saber que vamos a perder a dos de nuestros mayores apoyos. Primero, el señor Voskuijl: iban a operarle de la úlcera, pero descubrieron que tiene un cáncer muy avanzado. No le queda mucho tiempo. Ahora el buen hombre ya no puede informarnos de lo que se dice y se hace en el almacén. Era una gran ayuda y apoyo para nosotros.

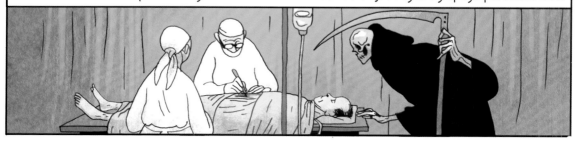

Y segundo, ¡nuestra vieja radio de confianza!

Debemos entregarla a las autoridades, que no quieren que los civiles escuchen las noticias del frente.

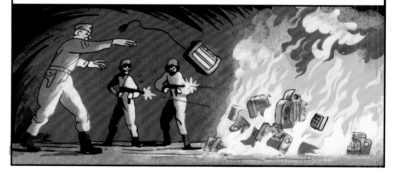

Domingo, 11 de julio de 1943

Querida Kitty: Veo que realmente se llega más lejos con un poco de hipocresía que manteniendo mi vieja costumbre de decirle a cada uno sin vueltas lo que pienso.

¡QUÉ GUAPA ESTÁ! ¡PARECE UNA MODELO DE PARÍS!

¿REZARÁS CONMIGO?

CLARO, MAMÁ, AUNQUE YA HE REZADO ESTA MAÑANA.

QUERIDO DIOS, OTÓRGAME LA CAPACIDAD DE SEGUIR SIENDO HIPÓCRITA POR SIEMPRE JAMÁS...

ME ENCANTA SU NUEVO PASADOR DE CORBATA.

NO ES UN PASADOR, SINO UNA MANCHA.

Comprendí que me he vuelto bastante miope.

CARIÑO, LO MEJOR SERÍA QUE BEP TE LLEVASE A UN OCULISTA.

¡NI PENSARLO! ¡ES DEMASIADO PELIGROSO!

DISFRÁCELA. NADIE SOSPECHARÁ QUE ES JUDÍA.

PRIMERO PONTE ESTA GABARDINA.

LUEGO ESTAS GAFAS DE SOL. ¿QUIÉN TE RECONOCERÍA COMO JUDÍA?

AHORA PRUÉBATE ESTE SOMBRERO.

La idea de salir a la calle, ¡a la calle!, me dejó petrificada. Creo que habría preferido quedarme ciega y morir de hambre en la Casa de atrás.

Han entrado ladrones, de verdad.
Esta mañana Peter bajó al almacén y se dio cuenta de que había ladrones allí.
Informó enseguida a papá y nos quedamos arriba todo el día. La consigna habitual
para estos casos es «no lavarse, guardar silencio y no usar el retrete». Al final el
señor Kleiman nos dijo que se habían ido, pero mientras tanto nuestra existencia
humana se paralizó. Pasamos mucho miedo. Estoy segura de que todos perdimos
varios kilos durante esas largas horas.

Los ladrones robaron dos cajas con 40 florines, y lo peor: cupones de racionamiento del azúcar, por un total de 150 kilos. Aunque, francamente, podía haber sido mucho peor.

Viernes, 23 de julio de 1943

Como tú nunca has vivido una guerra, Kitty, pasaré a escribirte cuál es el deseo más ferviente de cada uno de nosotros para cuando volvamos a salir de aquí:

A Margot le encantaría pasarse en la bañera dos días seguidos.

Herman van Daan añora un pastel...

Solo un pastel...

Bueno... quizá más de uno.

Mamá en lo único que piensa es en ir a algún sitio a tomar café.

A papá le gustaría visitar al señor Voskuijl antes de que nos deje...

AH, OTTO, ME TEMO QUE ES DEMASIADO TARDE.

Peter saldría de fiesta.

Y Dussel solo piensa en ver a su Lotje...

¿Y yo? ¡Me gustaría volver al colegio!

Lunes, 26 de julio de 1943

Querida Kitty: Ayer fue un día de mucho alboroto.

8.30
Me despertaron las sirenas, asustándome antes incluso de abrir los ojos.

9.00-12.00
Metí la cabeza debajo de la almohada.

13.00
Hice mi maleta de huida, lista para escapar.

14.30
Me reuní con Margot para trabajar en el estudio.

15.00
Otra sirena. El marco de la puerta parecía el único lugar seguro.

16.00
Cogí de nuevo mi maleta de huida.

17.00
Vuelta a la rutina...

EL COMPORTAMIENTO DE SU HIJA ES UNA DESGRACIA.

PETER NO ES MUCHO MEJOR, ¿SABE?

POR NO HABLAR DE SU MARIDO.

ME ENCANTA EL OLOR DE LA PÓLVORA POR LA MAÑANA.

19.00
La cena era deliciosa, pero al oír la primera sirena se me quitó el apetito.

21.00
Aquí llegan otra vez los bombarderos. Me meto en la cama de papá.

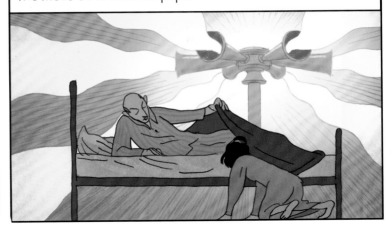

21.30
Vuelta a mi habitación.

1.00
Los aviones no paraban de venir.

1.00-2.00

2.00
Papá me llevó a mi cama.

3.00-7.00
Por fin dormí un poco.

7.30
Otra tanda de aviones.

Jueves, 29 de julio de 1943

Querida Kitty: Ayer, la señora y el doctor Dussel estaban fregando los platos mientras yo me esforzaba por no empezar una pelea.

¿SABE ESE LIBRO QUE ME DIO, DOCTOR DUSSEL?

¿SÍ?

¡ERA INCREÍBLEMENTE ESTÚPIDO!

¡¡CÓMO TE ATREVES!! ERES UNA VIEJA EN EL CUERPO DE UNA NIÑA.

¡EXACTO! DENTRO DE VEINTE AÑOS, YA NADA TE HARÁ ILUSIÓN.

POR FAVOR, ANNE. ¡DAME UNA OPORTUNIDAD!

ERES TAN ABURRIDO...

LEÍ ESTA BASURA HACE VEINTE AÑOS.

ESTA ES LA OBRA MÁS VULGAR QUE HA COMPUESTO NUNCA, SEÑOR SHOSTAKÓVICH.

TE ACONSEJO, ANNE, QUE TE CASES CON ALGUIEN ENSEGUIDA.

DESDE LUEGO. DENTRO DE VEINTE AÑOS NADIE QUERRÁ QUEDARSE CONTIGO.

No resulta nada difícil imaginarse cómo me sentí en aquel momento.
Fue entonces cuando decidí escribir mi propio libro. Se llamará: *Madame Van Daan*.

Madame Van Daan nació en Alemania hace muchos años. Era una niña muy dulce.

Luego creció y empezaron a gustarle los chicos.

Creció un poco más y se volvió una coqueta compulsiva. Pero solo con los extraños...

Luego emigró a Holanda. Papá cree que fue aquí donde se volvió fea.

Mamá cree que fue entonces cuando se volvió tonta.

Margot cree que fue aquí donde se volvió insignificante.

Y yo creo que es todo a la vez.

P.D.: No olvide el lector que cuando fue escrito este relato, la ira de la autora todavía no se había disipado.

Querida Kitty: Seguiré describiéndote cómo es la vida en la Casa de atrás. Y el tema de hoy: la cena.

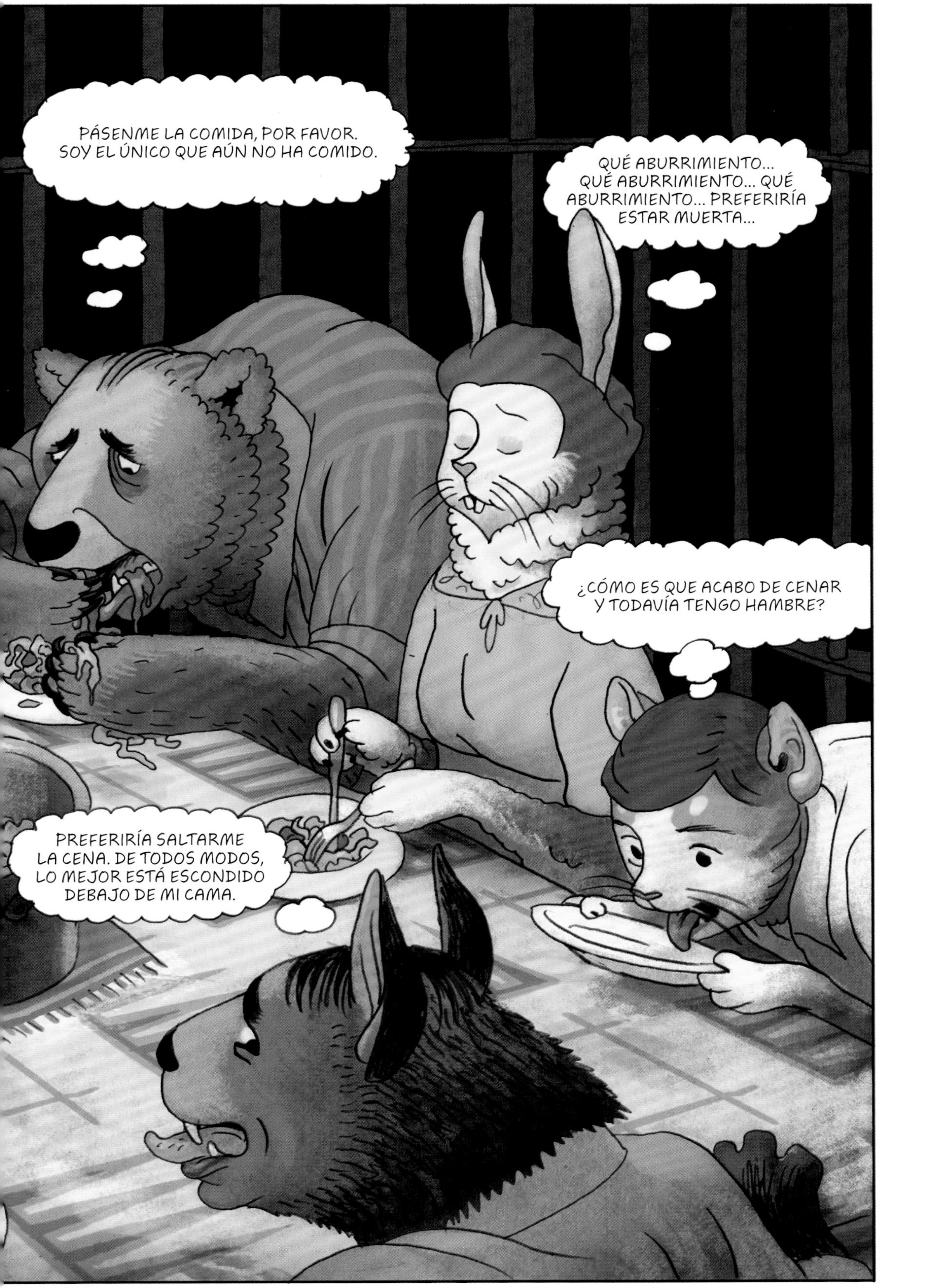
PÁSENME LA COMIDA, POR FAVOR. SOY EL ÚNICO QUE AÚN NO HA COMIDO.
QUÉ ABURRIMIENTO... QUÉ ABURRIMIENTO... QUÉ ABURRIMIENTO... PREFERIRÍA ESTAR MUERTA...
¿CÓMO ES QUE ACABO DE CENAR Y TODAVÍA TENGO HAMBRE?
PREFERIRÍA SALTARME LA CENA. DE TODOS MODOS, LO MEJOR ESTÁ ESCONDIDO DEBAJO DE MI CAMA.

Querida Kitty: Aquí viene una de las mejores noticias de la guerra hasta ahora: ¡Italia ha capitulado! ¡Se ha rendido incondicionalmente!

¿¿¿NO PODÉIS LANZARNOS UNAS CERVEZAS, IDIOTAS???

¿Quién iba a imaginar que incluso aquí, en la Casa de atrás, pagaríamos un precio por la rendición italiana?

POR FAVOR, MIEP, SE LO RUEGO, TRÁIGAME EL LIBRO SOBRE MUSSOLINI.

¡PERO YA SABE QUE ESTÁ PROHIBIDO!

POR FAVOR, POR FAVOR...

TENGA CUIDADO, ESTO ES PELIGROSO, EXPLOSIVO.

Mientras volvía a la Casa de atrás, Miep fue atropellada por una moto de las SS.

Imagínate qué le habrían hecho si hubieran encontrado el libro.

Miep regresó herida.

Con Miep de baja, creo que ha llegado el momento de analizar la terrible situación de nuestro grupo de ayudantes. Todos ellos son ángeles enviados desde el cielo. Este es el aspecto que tenían cuando entramos en la Casa de atrás.

Pero ahora Kleiman, nuestra fuente de información y principal proveedor, tiene graves problemas de estómago. No para de entrar y salir del hospital.

Voskuijl está prácticamente moribundo. Su hija Bep se pasa casi todo el tiempo cuidando de él.

Miep no puede moverse de las oficinas por el accidente.

Solo queda el señor Kugler, que está hasta el cuello de trabajo.

Cuando no soporto pensar lo que ocurrirá si desaparecen nuestros ángeles, me invade una honda tristeza.

Jueves, 16 de septiembre de 1943

Querida Kitty: El señor Van Maaren, que trabaja en el almacén, me tiene despierta de preocupación por las noches. Es suspicaz, hace demasiadas preguntas, no es ningún tonto y es cruel.

DIME, MIEP, ¿CÓMO ES QUE VAS AL LABORATORIO TANTAS VECES AL DÍA?

ESTAMOS HACIENDO UN GRAN EXPERIMENTO ALLÍ.

¡OYE, BEP, LLEVO SIGLOS ESPERÁNDOTE! ¿DÓNDE ESTABAS?

ARRIBA.

¿ARRIBA? POR EL AMOR DE DIOS, ¿QUÉ HAS HECHO TANTO RATO ALLÍ?

OIGA, SEÑOR KUGLER, ¿ADÓNDE VA?

A LA FARMACIA DE LA ESQUINA.

El señor Van Maaren sospechaba tanto, que el señor Kugler tuvo que subir las escaleras de puntillas para entrar en nuestra casa.

Pero el señor Kugler tenía una respuesta inteligente.

SEÑOR KUGLER, SOSPECHO QUE MIEP, BEP Y KLEIMAN TIENEN UN ASUNTO SECRETO EN EL OTRO LADO DEL EDIFICIO.

¡TONTERÍAS! ESA PARTE DEL EDIFICIO NI SIQUIERA ES NUESTRA.

Por las noches, mis pensamientos obsesivos sobre el señor Van Maaren se convierten en pesadillas...

Como puedes ver, estoy en mitad de una depresión. No sabría decirte de dónde viene, pero creo que procede de mi cobardía, en la que no paro de pensar.

Tomo valeriana cada día para combatir la ansiedad y la depresión.

Pero ni el sueño profundo me trae alivio... Sigo teniendo pesadillas.

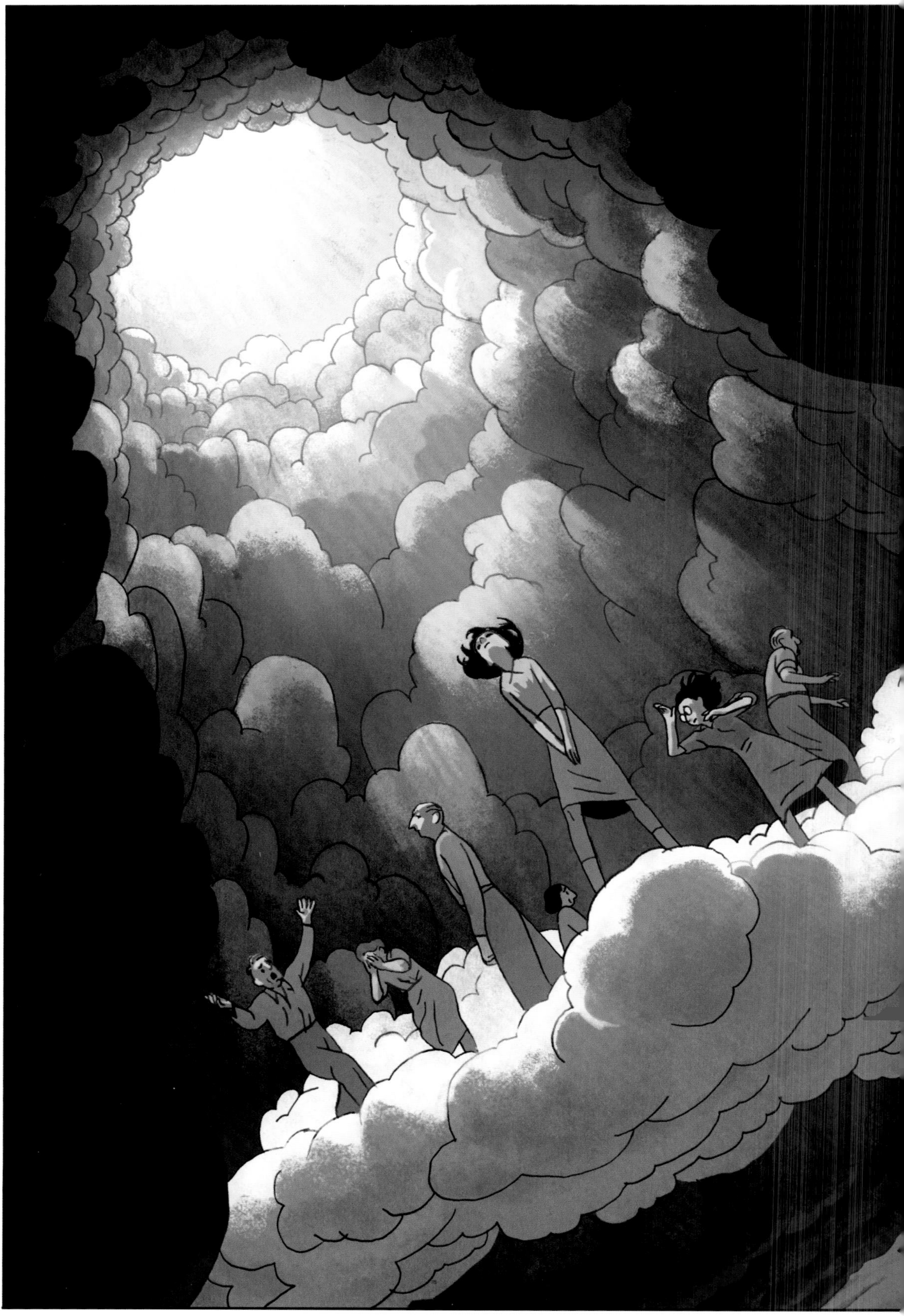

No puedo imaginarme que para nosotros el mundo vuelva a ser alguna vez como era antes. Es cierto que a veces hablo de «después de la guerra», pero es como si hablara de un castillo en el aire, algo que nunca podrá ser realidad.

Nos veo a los ocho y a la Casa de atrás, como si fuéramos un trozo de cielo azul, rodeado de nubes de lluvia negras, muy negras. La isla redonda en la que nos encontramos aún es segura, pero las nubes se van acercando, y el anillo que nos separa del peligro inminente se cierra cada vez más. Ya estamos tan rodeados de peligros y de oscuridad, que la desesperación por buscar una escapatoria nos hace tropezar unos con otros. Miramos todos hacia abajo, donde la gente está peleándose entre sí, miramos todos hacia arriba, donde todo está en calma y es hermoso, y entretanto estamos aislados por esa masa oscura, que nos impide ir hacia abajo o hacia arriba, pero que se halla frente a nosotros como un muro infranqueable, que quiere aplastarnos, pero que aún no lo logra. No puedo hacer otra cosa que gritar e implorar: «¡Oh, anillo, anillo, ensánchate y ábrete, para que podamos pasar!».

Domingo, 17 de octubre de 1943

Querida Kitty: La mala noticia es que los Van Daan se han arruinado. ¡Y están rabiosos!

SEGURAMENTE ESTE ES EL ÚLTIMO CIGARRILLO QUE ME FUMARÉ JAMÁS.

¿Y ESO POR QUÉ?

HE PERDIDO NUESTROS ÚLTIMOS 100 FLORINES...

¿DÓNDE?

SEGURAMENTE EN EL ALMACÉN.

Está claro que los Van Daan nunca han pensado en lo peligroso que sería que Van Maaren empezara a tratar de averiguar de dónde procedía el dinero.

TE SUGIERO QUE VENDAS TU TRAJE, PORQUE ES EVIDENTE QUE AQUÍ NO LO NECESITAS.

¿EN SERIO? ¡ME PREGUNTO CUÁNTOS CONEJOS MUERTOS LLEVAS EN EL ABRIGO! SEGURAMENTE VALDRÁN UNA FORTUNA.

¿CÓMO TE ATREVES? ¡ES UNA DAMA!

Así que primero el señor Kleiman intentó vender el traje de Hermann...

Luego fue la bicicleta de Peter...

Y luego sucedió lo inevitable.

Toda la Casa de atrás estaba en alerta. Teníamos la impresión de que iban a matar a alguien arriba...

Todas esas riñas y esa tensión nerviosa se han vuelto tan estresantes que he perdido completamente el apetito. Así que tratan de cebarme...

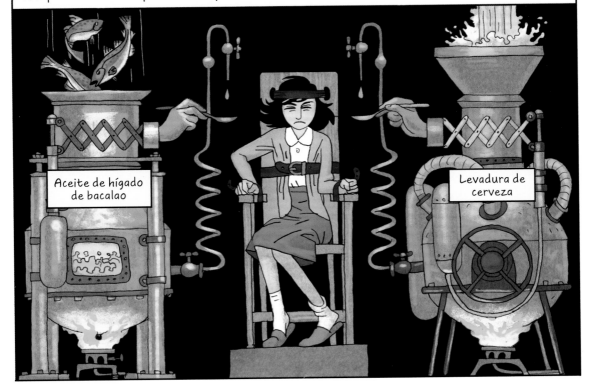

¿POR QUÉ LEES EL LIBRO DE MARGOT?

¿QUÉ MÁS DA? NI SIQUIERA ESTÁ AQUÍ.

BUENO, YA ESTOY AQUÍ. ¿POR QUÉ LEES MI LIBRO?

¿NO PODÉIS DEJARME EN PAZ NI UN INSTANTE?

VAMOS, ANNE, IMAGÍNATE QUE MARGOT HUBIERA COGIDO TU LIBRO.

¡JESÚS, ESTOY HARTA DE TODOS USTEDES!

¿POR QUÉ JESÚS? ¿NO PUEDES DECIR MOISÉS?

No es que solo quiera a papá. También quiero a mi madre y a Margot, pero solo porque son mi madre y Margot; como personas, por mí que se vayan a freír espárragos. Con papá es diferente. Cuando hace distinción entre las dos, aprobando todo lo que hace Margot, alabándola y haciéndole cariños, yo siento que algo me carcome por dentro, porque a papá yo lo adoro, es mi gran ejemplo, no quiero a nadie más en el mundo sino a él. Es una lástima que no sea consciente de que a Margot la trata de otra manera que a mí. Y es que Margot es

la más lista

la más buena

la más bonita

¡¡¡la mejor!!!

Pero ¿acaso no tengo yo derecho a que se me trate un poco en serio? Siempre he sido la payasa y la traviesa de la familia, siempre he tenido que pagar dos veces por las cosas que hacía: por un lado, las regañinas, y por el otro, la desesperación dentro de mí misma. Ahora esos mismos frívolos ya no me satisfacen, como tampoco las conversaciones presuntamente serias. Hay algo que quisiera que papá me diera que él no es capaz de darme. No tengo celos de Margot, nunca los he tenido.

No ansío ser tan lista y bonita como ella, tan solo desearía sentir el amor verdadero de papá, no solamente como su hija, sino también como Anne-en-sí-misma. Intento aferrarme a papá, porque cada día desprecio más a mamá, y porque papá es el único que todavía hace que conserve mis últimos sentimientos de familia. Papá no entiende que a veces necesito desahogarme sobre mamá. Pero él no quiere hablar, y elude todo lo que pueda hacer referencia a los errores de mamá.

Y sin embargo es ella, con todos sus defectos, la carga más pesada. No sé qué actitud adoptar; no puedo refregarle debajo de las narices su dejadez, su sarcasmo y su dureza, pero tampoco veo por qué habría de buscar la culpa de todo en mí. Soy exactamente opuesta a ella en todo, y eso, naturalmente, choca. No juzgo su carácter porque no sé juzgarlo, solo la observo como madre. Para mí, mamá no es mi madre. Yo misma tengo que ser mi madre.

Me he separado de ellos, ahora navego sola y ya veré dónde voy a parar. Todo tiene que ver sobre todo con el hecho de que veo en mí misma un gran ejemplo de cómo ha de ser una madre y una mujer, y no encuentro en ella nada a lo que pueda dárasele el nombre de madre. Siempre me propongo no mirar los malos ejemplos que ella me da; tan solo quiero ver su lado bueno, y lo que no encuentre en ella, buscarlo en mí misma.

Pero no me sale, y lo peor es que ni papá ni mamá son conscientes de que están fallando en cuanto a mi educación, y de que yo se lo tomo a mal. ¿Habrá gente que pueda satisfacer plenamente a sus hijos? A veces creo que Dios me quiere poner a prueba, tanto ahora como más tarde. Debo ser buena sola, sin ejemplos y sin hablar, solo así me haré más fuerte. ¿Quién sino yo leerá luego todas estas cartas? ¿Quién sino yo misma me consolará? Porque a menudo necesito consuelo; muchas veces no soy lo suficientemente fuerte y fallo más de lo que acierto. Lo sé, y cada vez intento mejorar, todos los días.

Me tratan de forma poco coherente. Un día Anne es una chica seria, que sabe mucho, y al día siguiente es una borrica que no sabe nada y cree haber aprendido de todo en los libros. Ya no soy el bebé ni la niña mimada que causa gracia haciendo cualquier cosa. Tengo mis propios ideales, mis ideas y planes, pero aún no sé expresarlos.

¡Ah!, me vienen tantas cosas a la cabeza cuando estoy sola por las noches, y también durante el día, cuando tengo que soportar a todos los que ya me tienen harta y siempre interpretan mal mis intenciones. Por eso, al final siempre vuelvo a mi diario: es mi punto de partida y mi destino, porque Kitty siempre tiene paciencia conmigo. Le prometeré que, a pesar de todo, perseveraré, que me abriré mi propio camino y me tragaré mis lágrimas. Solo que me gustaría poder ver los resultados, o que alguien que me quisiera me animara a seguir. No me juzgues, sino considérame como alguien que a veces siente que está rebosando.

Tu Anne

Querida Kitty: Anoche, antes de dormirme, se me apareció de repente Hanneli.

¡AYÚDAME A SALIR DE ESTE INFIERNO!

OH, ANNE, ¿POR QUÉ ME HAS ABANDONADO?

A decir verdad, hacía meses, o casi un año, que había olvidado a Hanneli. Me siento muy avergonzada: yo estoy aquí con todo lo que se me antoja, y ella se muere ahí fuera...

Ahora los ojos de Hanneli me persiguen, haga lo que haga y vaya donde vaya.

Miércoles, 22 de diciembre de 1943
Querida Kitty: Una fuerte gripe ha impedido que te escribiera antes.

Tenía que toser bajo la manta... para que los nazis no me oyeran.

Probé leche con miel y huevo crudo.

Vapor.

Paños húmedos.

Y secos en el pecho.

Bolsa de agua caliente.

Lo peor fue cuando el señor Dussel recordó que era médico.

AL MENOS PODRÍA HABERSE CORTADO EL VELLO DE LA NARIZ...

RESPIRA PROFUNDAMENTE.

AL MENOS PODRÍA HABERSE AFEITADO.

¡NO VUELVA A TOCARME NUNCA MÁS!

Gracias a Dios, teníamos la doble emoción de Januká y Navidad, con muchos regalos de nuestros salvadores.

Querida Kitty: Justo cuando pensábamos que las cosas se habían calmado aquí, se acercan nuevos nubarrones, que tienen que ver con la comida.

¿POR QUÉ NO FREÍMOS TODAS LAS PATATAS POR LA MAÑANA Y GUARDAMOS LA MITAD PARA COMÉRNOSLAS POR LA TARDE?

¡LOS FRANK NO COMEMOS VERDURAS FRÍAS Y BLANDAS!

Después de 15 meses en la Casa de atrás, decidimos dividir toda la comida por la mitad.

13...14...15

¿PODEMOS QUEDARNOS LAS LONCHAS CON MÁS GRASA?

DESDE LUEGO. NOSOTROS NO COMEMOS GRASA.

Incluso el azúcar... ¡Jesús! Perdón, ¡Moisés!

¡Ojalá estuviéramos separados del todo de los Van Daan!

Soñar no cuesta nada...

Domingo, 2 de enero de 1944

Querida Kitty:

Esta mañana, como no tenía nada que hacer, me puse a hojear en mi diario y me topé varias veces con cartas que tratan el tema de la madre con tanta vehemencia, que me asusté y me pregunté: «Anne, ¿eres tú la que hablabas de odio? Oh, Anne, ¿cómo has podido escribir una cosa así?».

Me quedé con el diario abierto en la mano, y me puse a pensar en cómo había podido ser que estuviera tan furiosa y tan verdaderamente llena de odio, que tenía que confiártelo todo. He intentado comprender a la Anne de hace un año y de perdonarla, porque no tendré la conciencia tranquila mientras deje que sigas cargando con estas acusaciones, y sin que te haya explicado cómo fue que me puse así.

He padecido y padezco estados de ánimo que me mantenían con la cabeza bajo el agua —en sentido figurado, se entiende— y que solo me dejaban ver las cosas de manera subjetiva, sin que intentara detenerme a analizar tranquilamente las palabras de los demás, para luego poder actuar conforme al espíritu de aquellas personas a las que, por mi temperamento efervescente, haya podido ofender o causado algún dolor. Me he recluido en mí misma, me he mirado solo a mí misma, y he escrito en mi diario de modo imperturbable todas mis alegrías, mofas y llantos. Para mí este diario tiene valor, ya que a menudo se ha convertido en el libro de mis memorias, pero en muchas páginas ahora podría poner: «Pertenece al ayer».

Estaba furiosa con mamá, y a menudo lo sigo estando.

Ella no me comprendía, es cierto, pero yo tampoco la comprendía a ella. Como me quería, era cariñosa conmigo, pero como también se vio envuelta en muchas situaciones desagradables por mi culpa, y a raíz de ello y de muchas otras circunstancias tristes estaba nerviosa o irascible, es de entender que me tratara como me trató. Yo me lo tomaba demasiado en serio, me ofendía, me insolentaba y la trataba mal, lo que a su vez la hacía sufrir. Era entonces, en realidad, un ir y venir de cosas desagradables y tristes. De ningún modo fue placentero, para ninguna de las dos, pero todo pasa. El que yo no quisiera verlo y me tuviera mucha compasión, también es comprensible.

Las frases tan violentas solo son manifestaciones de enfado, que en la vida normal hubiera podido ventilar dando cuatro patadas en el suelo, encerrada en una habitación o maldiciendo a mamá a sus espaldas. El período en que condeno a mamá bañada en lágrimas ha quedado atrás; ahora soy más sensata, y los nervios de mamá se han calmado.

Por lo general me callo la boca cuando algo me irrita, y ella hace lo mismo, por lo que todo parece marchar mejor.

Pero sentir un verdadero amor filial por mamá, es algo que no me sale.

Tranquilizo mi conciencia pensando en que los insultos más vale confiárselos al papel, y no que mamá tenga que llevarlos consigo en el corazón.

Tu Anne

97

Querida Kitty: Resulta que ayer leí un artículo sobre por qué nos sonrojamos. En ese artículo habla como si se estuviera dirigiendo solo a mí.

Una chica, cuando entra en la pubertad, se vuelve muy callada y empieza a reflexionar acerca de las cosas milagrosas que se producen en su cuerpo.

Cada vez que me viene la regla me da la sensación de que, a pesar de todo el dolor y el malestar, guardo un dulce secreto.

¿TODO BIEN?

¿POR QUÉ SON- RÍES, ANNE?

TODO VA ESTUPENDO, GRACIAS POR PREGUNTAR.

Pero antes de que me viniera la regla ya había tenido sensaciones similares... Recuerdo una vez que me quedé a dormir en casa de Jacque.

ESTO... JACQUE... ¿Y SI NOS ENSEÑÁRAMOS LOS PECHOS?

¿POR QUÉ?

COMO PRUEBA DE AMISTAD.

¡NI HABLAR!

Si ella hubiera sabido que sentía una terrible necesidad de besarla...

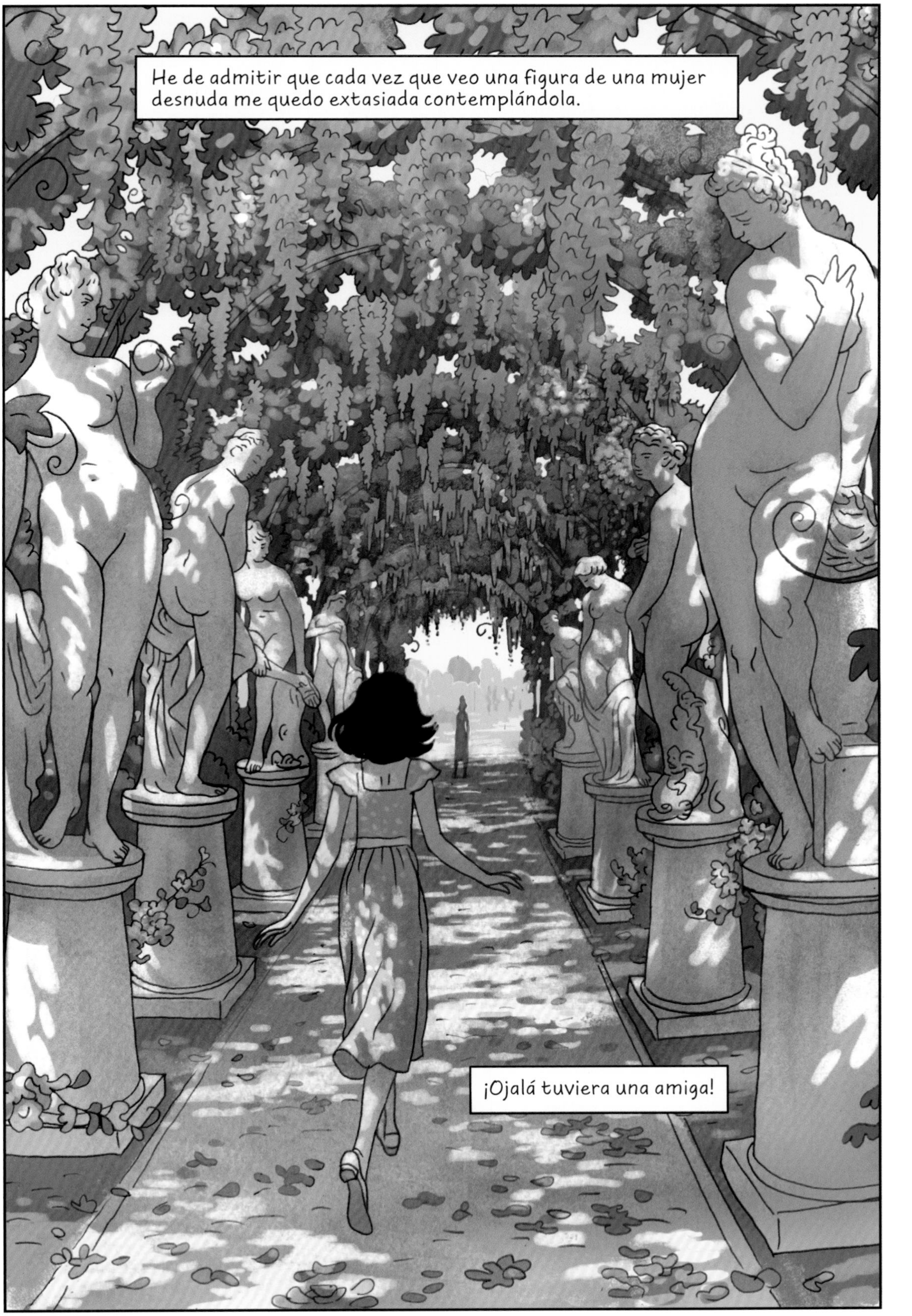
He de admitir que cada vez que veo una figura de una mujer desnuda me quedo extasiada contemplándola.
¡Ojalá tuviera una amiga!

Querida Kitty: Mis deseos de hablar con alguien se han vuelto muy grandes.

¿PETER?

PASA. A LO MEJOR PUEDES AYUDARME.

¡VAYA! LLEVABA SIGLOS BUSCANDO ESA PIEZA...

Hubiera querido pedirle que me explicara por qué nunca me había fijado en lo profundos y bonitos que eran sus ojos y en lo amable y sensible que era él.

Sin embargo, dije:

HACE POCO LEÍ UN ARTÍCULO SOBRE POR QUÉ NOS SONROJAMOS...

HUM...

Y... HUMMM...

BUENO... MMM... LA AUTORA DICE QUE LOS HOMBRES EMPIEZAN A RUBORIZARSE CUANDO COMIENZAN A PENSAR EN SU PROCESO DE PUBERTAD Y TODO LO QUE CONLLEVA...

MENOS MAL QUE LAS MUCHACHAS NO SE RUBORIZAN.

Esa noche soñé que Peter y yo contemplábamos el cuadro original del rompecabezas en un museo famoso.

Y entonces se volvió hacia mí...

TE HE ECHADO MUCHO DE MENOS, MI PEQUEÑA ANNE...

Pero no era Peter van Daan, sino Petel, mi antiguo amor. Había venido a visitarme para recordarme qué es el amor verdadero.

Viernes, 7 de enero de 1944

Querida Kitty: Después de soñar con mi Petel, desperté en un estado de absoluta confusión.

¡CARIÑO, CÓMO SONRÍES ESTA MAÑANA!

Si papá supiera en qué estaba pensando...

¿ESTA SOY YO?

OJOS LIMPIOS

MEJILLAS SONROSADAS

Entonces nos imaginé a Petel y a mí juntos, llorando...

¡Y sucedió!

Kitty, me siento como una idiota. Aún no te he contado la historia de mi vida amorosa.

De niña, me gustaba Sally Kimmel.

Era un niño dulce, cachetón y divertido.

FRRRRT

Hasta que un día...

¿QUIÉN ES ESE, SALLY?

ES MI PRIMO APPY.

Appy y yo éramos inseparables.

Pero empezó a parecer un galán.

Menos mal que llegó Petel.

HOLA, PRECIOSA. ¿PUEDO ACOMPAÑARTE AL COLEGIO?

Salí con Petel durante muchos meses.

ME VOY DE VACACIONES, PRECIOSA. ¡ESPÉRAME!

Cuando volvió, era un hombre, pero yo seguía siendo una niña.

El corazón tarda mucho en sanar.

Y una pequeña guerra facilita el proceso...

Mi corazón se recuperó con un nuevo Peter.

103

Lunes, 24 de enero de 1944

Querida Kitty: Antes, en el colegio y en casa, se hablaba de los asuntos sexuales de manera misteriosa o repulsiva.

¿HAS VISTO QUÉ PAR DE MELONES LE HAN SALIDO?

OH, ANNE, ¡CÓMO TE PASAS!

¡Y LUEGO ÉL SE LE ECHÓ ENCIMA...!

OH, ANNE, ¡NO PUEDO CREER QUE DIGAS ESO!

SOLO ES UNA PELÍCULA, MARGOT.

NUNCA HABLES DEL TEMA CON LOS CHICOS Y NO CONTESTES CUANDO ELLOS TE HABLEN DE ÉL.

Por eso me sorprendí cuando la conversación derivó sola hacia el sexo de Moffie mientras los tres estábamos pelando patatas.

MOFFIE ESTÁ MUY GORDA. ¿CUÁNDO VA A TENER GATITOS?

¡PERO SI MOFFIE ES MACHO!

¿UN MACHO PREÑADO...?

¿NO ME CREEN? VENGAN Y VÉANLO USTEDES MISMAS.

Margot no tenía ningún interés, o quizá le diese demasiada vergüenza, así que fui con Peter al ático para revisar los órganos sexuales de Moffie.

¿NO DEBERÍA TENER TESTÍCULOS?

SE LOS QUITARON, PERO AÚN TIENE EL ÓRGANO SEXUAL.

¿TÚ LO VISTE?

SÍ. LE COGÍ LA PATA.

¿POR QUÉ LO LLAMAS ÓRGANO SEXUAL, PETER? ¿ESAS COSAS NO TIENEN NOMBRES?

¿COMO POR EJEMPLO...?

VAGINA.

¿VAGINA? ENTIENDO A QUÉ TE REFIERES... ¿EL EQUIVALENTE DE VAGINA...? SE LO PREGUNTARÉ A MI MADRE.

¡¿MAMÁ?!

Durante la cena comprendí que esa conversación asombrosa con Peter había ocurrido de verdad. Te aseguro que con una chica jamás hubiera hablado del tema de un modo tan normal. Estoy segura de que mamá nunca se refería a esto cuando me prevenía de los chicos.

Pese a todo, anduve todo el día un tanto desorientada; cada vez que recordaba nuestra conversación, me parecía algo curiosa. Pero hay un aspecto en el que al menos he aprendido algo: también hay jóvenes, y nada menos que del otro sexo, que son capaces de conversar de forma natural y sin hacer bromas pesadas respecto al tema.

PENE.

Últimamente la vida en la Casa de atrás se ha vuelto muy dura. Pero no he renunciado a mi pasión por el cine y los actores.

AQUÍ TIENES, ANNE. DEJA QUE TE DIGA QUE EN ESTOS TIEMPOS NO ES FÁCIL ENCONTRARLA.

Leo todas las críticas, me sé de memoria los argumentos de las películas principales y, por supuesto, todo el reparto. Me encanta aparecer con nuevos peinados, inspirados en mis queridas actrices.

Bette Davis

Joan Fontaine

Carole Lombard

Katharine Hepburn

Ingrid Bergman

Marlene Dietrich

En cuanto a ti, mi querida Kitty, me preguntaba si no te sientes como una vaca que tiene que estar rumiando cada vez las mismas viejas noticias. Estoy segura de que te resulta inaguantable. Los mayores tienen la costumbre de repetir sus historias una y otra vez. Cuando alguno de los ocho abre la boca para contar algo, los otros siete ya saben cómo seguir contando la historia.

Los diarios no hacen más que escribir sobre la invasión y vuelven loca a la gente. Si los ingleses llegan a desembarcar en Holanda, dicen que las autoridades alemanas deberán hacer lo que sea para impedirlo, llegando al extremo de inundar el país. Junto a esta noticia aparecen mapas con las zonas inundables de Holanda. Seguro que inundan nuestro barrio. Habrá que nadar...

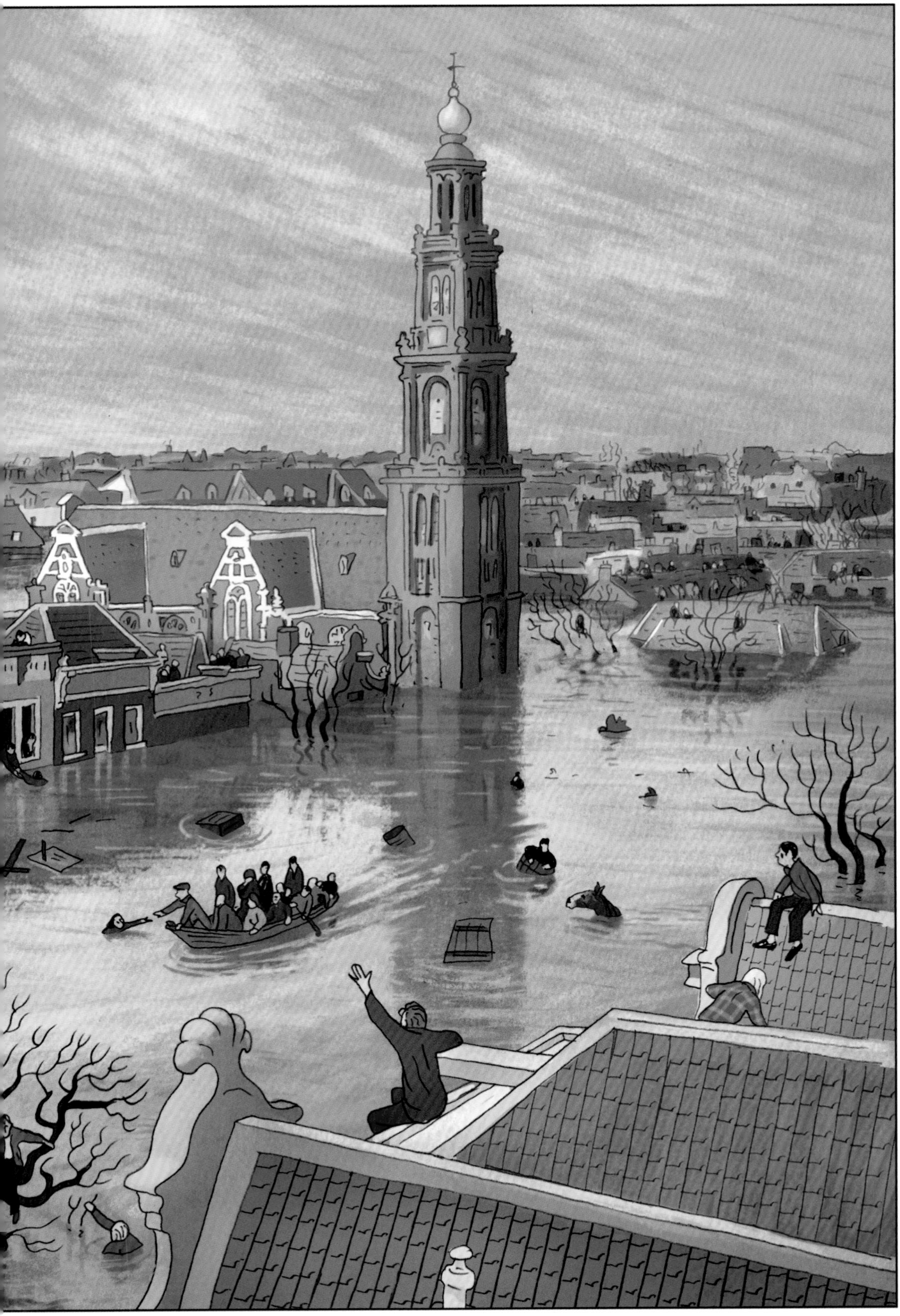

Martes, 8 de febrero de 1944

Querida Kitty:

Como por lo visto atravieso en este momento un período de reflexión y dejo vagar mi mente por esto y aquello, mis pensamientos se han dirigido naturalmente hacia el matrimonio de mi padre y mi madre. Me lo han presentado siempre como un matrimonio ideal. Sin una sola pelea, sin malas caras, total armonía, etcétera, etcétera.

Sé unas cuantas cosas sobre el pasado de mi padre, y lo que no sé lo he imaginado; tengo la impresión de que mi padre se casó con mi madre porque la consideraba apropiada como esposa. Debo admitir que admiro a mi madre por la manera en que asumió el papel de esposa suya, y nunca, que yo sepa, se ha quejado ni demostrado celos. No puede ser fácil para una esposa afectuosa saber que nunca será la primera en el corazón de su marido, y mi madre lo sabía. Sin duda mi padre admiraba la actitud de mi madre y pensaba que tenía un carácter excelente. ¿Por qué casarse con otra? Mi padre ya había dejado atrás su juventud, y sus ideales estaban rotos. ¿En qué clase de matrimonio se ha convertido?

No hay peleas ni discrepancias, pero no es precisamente un matrimonio ideal. Mi padre respeta y quiere a mi madre, pero no con la clase de amor que yo concibo para un matrimonio. Mi padre acepta a mi madre tal como es, se enfada a menudo pero dice lo menos posible, porque es consciente del sacrificio que ha tenido que hacer mi madre.

Mi padre no siempre le pide su opinión sobre el negocio, sobre otros asuntos, sobre la gente, sobre cualquier cosa.

No le cuenta nada, porque sabe que ella es demasiado emotiva, demasiado crítica, y a menudo demasiado parcial. Mi padre no está enamorado. La besa como nos besa a nosotras. Nunca la pone como ejemplo, porque no puede. La mira en broma, o con expresión burlona, pero nunca con cariño. Es posible que el gran sacrificio que mi madre ha hecho la haya convertido en una persona adusta y desagradable hacia quienes la rodean, pero eso con toda seguridad la apartará aún más del camino del amor, hará que despierte menos admiración, y un día mi padre, por fuerza, se dará cuenta de que si bien ella, en apariencia, nunca le ha exigido un amor total, en su interior ha estado desmoronándose lenta pero irremediablemente. Mi madre lo quiere más que a nadie, y es duro ver que esa clase de amor no es correspondido.

Así pues, ¿debería compadecer más a mi madre? ¿Debería ayudarla? ¿Y a mi padre?...

No puedo, siempre estoy imaginando a otra madre. Sencillamente no puedo. ¿Cómo voy a poder? Mi madre nunca me ha contado nada de sí misma, ni yo le he preguntado. ¿Qué sabemos ella y yo de nuestros respectivos pensamientos? No puedo hablar con ella; no puedo mirar afectuosamente a esos fríos ojos suyos, no puedo. ¡Nunca! Si tuviera tan solo una de las cualidades que se supone que debe tener una madre comprensiva —ternura o simpatía o paciencia o algo—, seguiría intentando aproximarme a ella. Pero en cuanto a querer a esta persona insensible, este ser burlón... cada día me resulta más y más imposible.

Tu Anne

Lunes, 14 de febrero de 1944

Querida Kitty: El domingo por la mañana me di cuenta (y confieso que para mi gran alegría) de que Peter me miraba de una manera sensible, muy distinta de la habitual.

Cuando no me estaba mirando, tenía que mirarlo yo.

¿ME AYUDAS A BUSCAR PATATAS PEQUEÑAS?

¿POR QUÉ?

PARA EL CUMPLEAÑOS DE MARGOT.

ESTAS NO SON LO BASTANTE ELEGANTES.

¿SABES? TE ENVIDIO MUCHÍSIMO, ANNE.

¿A MÍ?

TU FORMA DE EXPRESAR TUS SENTIMIENTOS...

DE NIÑO, CUANDO ME ENFADABA CON ALGUIEN...

... PREFERÍA DARLE UNOS BUENOS TORTAZOS.

AHORA YA NO PUEDO DAR TORTAZOS Y TAMPOCO PUEDO DECIR LO QUE PIENSO. OJALÁ NO HUBIERA PERDIDO ESA VIEJA COSTUMBRE.

¡NO VUELVAS A CAMBIAR DE EMISORA!

TE EQUIVOCAS DE MEDIO A MEDIO. EN LA MAYORÍA DE LOS CASOS HABLO DEMASIADO TIEMPO, Y LO QUE DIGO CARECE DE TACTO.

ES POSIBLE, PERO EN CAMBIO NUNCA PARECES TÍMIDA.

BUENO, PETER, SI TÚ LO DICES...

Esta mañana, como hago todas las mañanas, me he despertado y he subido enseguida al ático de Peter.

Me he sentado en el suelo, en mi rincón de siempre.

Peter ha venido a sentarse junto a mí.

No hemos tenido que decir ni una sola palabra, era perfecto: nosotros dos y la naturaleza.

El mundo no existía.

P.D. Pensamientos: A Peter.

Echamos de menos muchas, muchísimas cosas aquí, desde hace mucho tiempo, y yo las echo de menos igual que tú. No pienses que estoy hablando de cosas exteriores, porque en ese sentido aquí realmente no nos falta nada. No, me refiero a las cosas interiores. Yo, como tú, ansío tener un poco de aire y de libertad, pero creo que nos han dado compensación de sobra por estas carencias. Quiero decir, compensación por dentro. Esta mañana, cuando estaba asomada a la ventana mirando hacia fuera, mirando en realidad fija y profundamente a Dios y a la naturaleza, me sentí dichosa, únicamente dichosa. Y, Peter, mientras uno siga teniendo esa dicha interior, esa dicha por la naturaleza, por la salud y por tantas otras cosas; mientras uno lleve eso dentro, siempre volverá a ser feliz.

La riqueza, la fama, todo se puede perder, pero la dicha en el corazón a lo sumo puede velarse, y siempre, mientras vivas, volverá a hacerte feliz. Inténtalo tú también, alguna vez que te sientas solo y desdichado o triste y estés en la buhardilla cuando haga un tiempo tan hermoso. No mires las casas y los tejados, sino al cielo. Mientras puedas mirar al cielo sin temor, sabrás que eres puro por dentro y que, pase lo que pase, volverás a ser feliz.

Mi querida Kitty:
Esto se está convirtiendo en una pesadilla, tanto de noche como de día. Lo veo casi a todas horas y no puedo acercarme a él, tengo que disimular mis sentimientos y mostrarme alegre, mientras que dentro de mí todo es desesperación. Por si eso fuera poco, Peter Schiff y Peter van Daan se han fundido en un único Peter, que es bueno y bondadoso y a quien quiero con toda mi alma. Soy una sentimental, ya lo sé. Soy una desesperanzada y una insensata, también lo sé. ¡Ay de mí!

Tu Anne M. Frank

Cuando me pongo a pensar en la vida que llevaba, todo me parece tan irreal.

Esa vida de gloria la vivía una Anne Frank muy distinta de la Anne que aquí se ha vuelto tan juiciosa.

1942

Tenía cinco admiradores que me seguían allá donde iba.

¡YO!

¡YO!

¡YO!

¡YO!

¡YO!

¿QUIÉN DE USTEDES ME LLEVARÁ AL CINE ESTA NOCHE, CHICOS?

¡NO ME HAS DICHO QUE VENDRÍAN TODAS TUS AMIGAS!

TODAS MIS AMIGAS NO, SOLO LAS MEJORES.

Y mis mayores admiradores eran mis profesores.

¡LO MÁS ASOMBROSO ES QUE NAPOLEÓN LLEVABA ROPA INTERIOR DE SEDA!

ERES GENIAL, ANNE. ¿DÓNDE HAS ENCONTRADO ESA INFORMACIÓN?

Me lo había inventado todo, por supuesto, pero era tan encantadora, tan coqueta, ¡que nadie se me resistía!

¿No me habré vuelto temeraria después de tanta admiración? Me pregunto qué debían pensar realmente de mí en el colegio.

CREO QUE ES UNA COMEDIANTA, NADA MÁS...

¡MIMADA! MUY MIMADA POR SU PADRE. SIEMPRE CON LOS BOLSILLOS LLENOS.

ES TAN GUAPA... ¡HARÍA CUALQUIER COSA POR ELLA!

ESTAMOS EN MITAD DE UNA GUERRA, PERO ELLA SIGUE HACIENDO CHISTES DE TODO.

Pese a todo, en 1942 tampoco era enteramente feliz.

A menudo me sentía abandonada, pero como estaba ocupada de la mañana a la noche, no me ponía a pensar y me divertía todo lo que podía, intentando, consciente o inconscientemente, ahuyentar con bromas el vacío. Desde mi llegada a la Casa de atrás, ha tenido que pasar más de un año para que me diera cuenta de que ya nadie me demuestra su admiración.

Veo a esa Anne Frank, solo dos años atrás, y me doy cuenta de que al menos una fase ha concluido irreversiblemente: la edad escolar, tan libre de preocupaciones y problemas, que nunca volverá. Ya ni siquiera la echo en falta; la he superado. Ya no puedo hacer solamente tonterías; una pequeña parte de mí siempre conserva su seriedad.

También descubrí dentro de mí la felicidad y mi coraza de superficialidad y alegría. Ahora no vivo más que para Peter, porque de él dependerá en gran medida lo que me ocurra de ahora en adelante.

Y por las noches, cuando digo mis rezos, oigo gritos de júbilo dentro de mí, porque pienso en nuestro escondite, en el amor de Peter (tan nuevo y sensible que ninguno de los dos se atreve a nombrarlo aún), el futuro, la dicha, y en las cosas hermosas, como el mundo, la naturaleza y la gran belleza de todas las cosas hermosas juntas. En esos momentos no pienso en la desgracia, sino en todas las cosas bellas que aún quedan.

TE DOY LAS GRACIAS, SEÑOR

El método de mamá para combatir la melancolía.

NO MIRES ATRÁS, ANNE. NO MIRES ATRÁS.

Mi método para combatir la melancolía.

Ahí está gran parte de la diferencia entre mamá y yo.

El consejo que ella da para combatir la melancolía es: «Piensa en toda la desgracia que hay en el mundo y alégrate de que no te pase a ti». Mi consejo es: «Sal fuera, a los prados, a la naturaleza y al sol. Sal fuera y trata de reencontrar la felicidad en ti misma; piensa en todas las cosas bellas que hay dentro de ti y a tu alrededor, y sé feliz». En mi opinión, la frase de mamá no tiene validez, porque ¿qué se supone que tienes que hacer cuando esa desgracia sí te pasa? Entonces, estás perdida. Por otra parte, creo que toda desgracia va acompañada de alguna cosa bella, y si te fijas en ella, descubres cada vez más alegría y encuentras un mayor equilibrio. Y el que es feliz hace feliz a los demás; el que tiene valor y fe nunca estará sumido en la desgracia.

Tu Anne M. Frank

Miércoles, 8 de marzo de 1944

Hace dos noches soñé que patinaba en el cuarto de estar, con ese niño de la pista de patinaje Apollo y su hermana de piernas delgadas.

A nuestros proveedores de cupones se los han llevado los alemanes, y a nuestro agente especial en el mercado negro, el señor M., lo han capturado en una violenta redada.

La comida es muy triste. La cocina huele a una mezcla de ciruelas en descomposición, conservante amargo y huevos podridos.

Las patatas están enfermas. Creo que tienen cáncer y que hay que operarlas enseguida.

Próximamente: el hambre.

Lunes, 20 de marzo de 1944
Querida Kitty:

Últimamente, algo ha eclipsado mi felicidad. Hacía rato que me parecía que a Margot Peter le caía más que simpático.

No sé hasta qué punto lo quiere, pero es que me resulta un tanto embarazoso. Ahora, cada vez que me encuentro con Peter, tengo que hacerle daño adrede a Margot, y lo mejor del caso es que ella lo disimula muy bien. Sé que en su lugar yo estaría muerta de celos, pero Margot solo dice que no tengo que tener compasión con ella.
—Me sabe mal que tú te quedes así, al margen —añadí.
—Estoy acostumbrada —contestó en tono acre.

Pero luego llegó una prueba del espíritu bondadoso de Margot. Recibí esta carta pocas horas después de nuestra conversación:

Anne,
cuando ayer te dije que no tenía celos de ti, solo fui sincera contigo a medias. La verdad es que no tengo celos de ti ni de Peter, solo que lamento un poco no haber encontrado aún a nadie —y seguro que por el momento tampoco lo encontraré— con quien hablar de lo que pienso y de lo que siento. Pero eso no quita que os desee de todo corazón que podáis teneros confianza mutuamente. Aquí ya echamos de menos bastantes cosas que a otros les resultan muy naturales.
Por otro lado, estoy segura de que con Peter nunca habría llegado muy lejos, porque tengo la sensación de que mi relación con la persona a la que quisiera contarle todas mis cosas tendría que ser bastante íntima. Tendría que tener la impresión de que me comprendiera totalmente, aun sin que yo le contara tanto. Pero entonces tendría que ser una persona a quien considerara superior a mí, y eso con Peter nunca podría ser. En tu caso sí que me podría imaginar una cosa así.
De modo que no necesitas hacerte ningún reproche de que me pueda faltar algo o porque estés haciendo algo que me correspondía a mí. Nada de eso. Tú y Peter solo saldréis ganando con el trato mutuo.

Esta fue mi respuesta:

Querida Margot:

Tu carta me pareció enormemente cariñosa, pero no ha terminado de tranquilizarme y creo que tampoco lo hará.
Entre Peter y yo aún no existe tal confianza en la medida que tú dices, y frente a una ventana abierta y oscura uno se dice más cosas que a plena luz del sol. También resulta más fácil contarse lo que uno siente susurrando, que no gritando a los cuatro vientos. Tengo la impresión de que has ido desarrollando una especie de cariño fraternal por Peter y de que quisieras ayudarlo, al menos igual que yo.
Quizá algún día puedas llegar a hacerlo, aunque esa no sea la confianza como la entendemos tú y yo. Opino que la confianza es una cosa mutua, y creo que es ese el motivo por el cual entre papá y yo nunca hemos llegado a ese punto. No nos ocupemos más del asunto y ya no hablemos de él. Si quieres alguna otra cosa de mí, te pido que me lo hagas saber por escrito, porque así podré expresar mucho mejor que oralmente lo que te quiera decir.
No sabes lo mucho que te admiro y solo espero que algún día yo también pueda tener algo de la bondad de papá y de la tuya, porque entre las dos ya no veo mucha diferencia.

Tu Anne

Esta fue la respuesta de Margot

Querida Anne:

Tu carta de ayer me ha dado la desagradable impresión de que cada vez que vas a estudiar o a charlar con Peter te da cargo de conciencia, pero de verdad me parece que no hay motivo para ello. Muy dentro de mí algo me dice que una persona tiene derecho a la confianza mutua, pero yo aún no estoy preparada para que esa persona sea Peter.
Sin embargo, tal como me has escrito, me da la impresión de que Peter es como un hermano, aunque, eso sí, un hermano menor, y de que nuestros sentimientos extienden unas antenas buscándose mutuamente, para que quizá algún día, o tal vez nunca, puedan encontrarse en un cariño como de hermano a hermana; pero aún no hemos llegado a tanto, ni mucho menos. De modo que de verdad no hace falta que te compadezcas de mí.
Disfruta lo más que puedas de la compañía que has encontrado.

Tu Margot

Ayer se estrelló un avión cerca de aquí. Los ocupantes se salvaron saltando a tiempo en paracaídas. El aparato fue a parar a un colegio donde no había niños. Un pequeño incendio y algunos muertos fueron las consecuencias del episodio. Los alemanes dispararon a los aviadores mientras bajaban, los amsterdameses que lo vieron soltaron bufidos de rabia por un acto tan cobarde. Nosotras, las mujeres de la casa, nos asustamos de lo lindo. ¡Puaj, cómo odio los tiros!

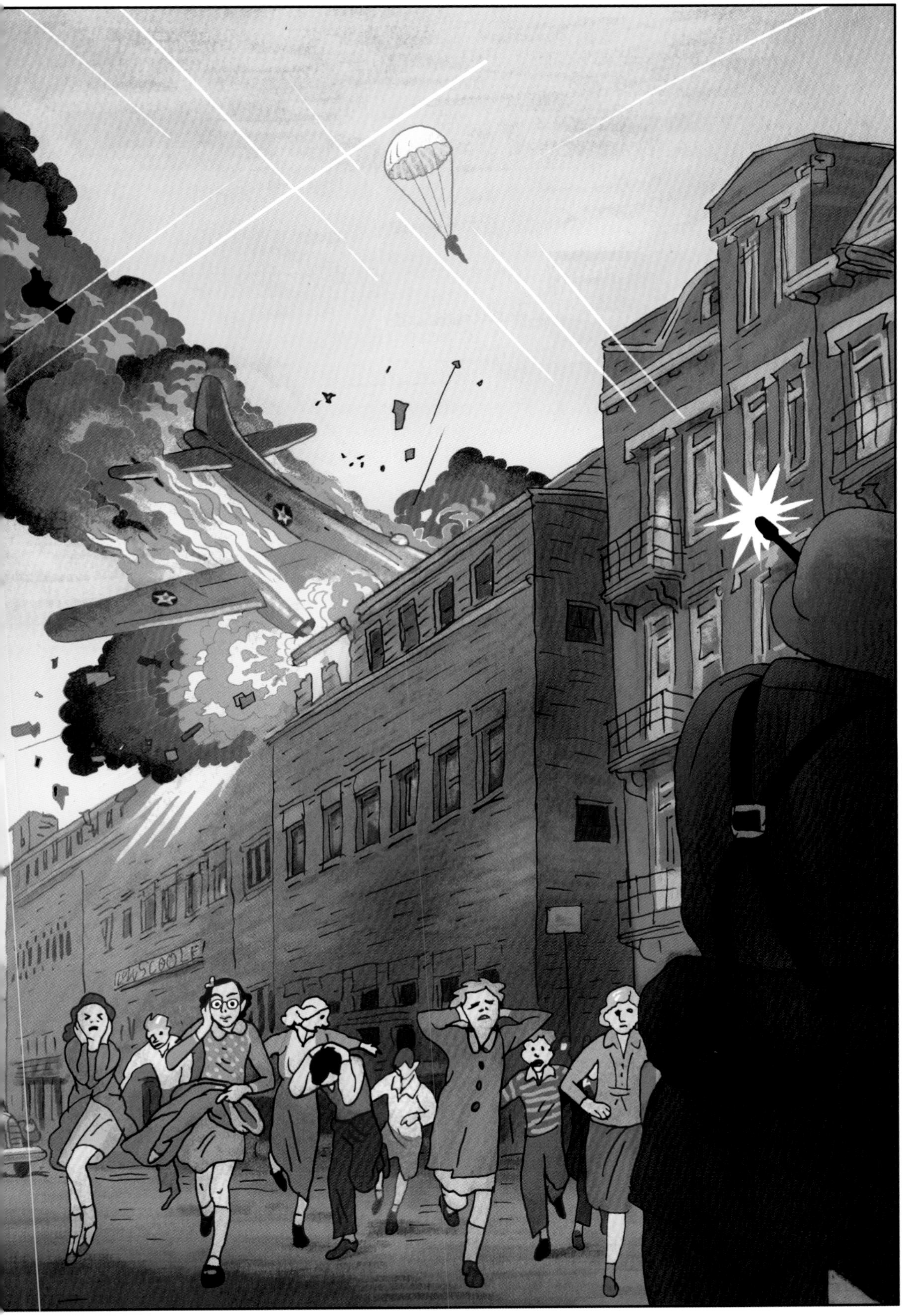

Viernes, 24 de marzo de 1944

Quisiera preguntarle a Peter si sabe cómo es el cuerpo de una chica. Creo que en los varones la parte de abajo no es tan complicada como la de las mujeres. En las fotos o dibujos de un hombre desnudo puede apreciarse perfectamente cómo son, pero en las mujeres no. Los órganos sexuales (o como se llamen) de las mujeres están más escondidos entre las piernas. Es de suponer que Peter nunca ha visto a una chica de tan cerca, y a decir verdad, yo tampoco. Realmente lo de los varones es mucho más sencillo. ¿Cómo diablos tendría que explicarle a Peter el funcionamiento del aparato femenino? Porque, por lo que me dijo una vez, ya me he dado cuenta de que no lo sabe exactamente. Dijo algo de la abertura del útero, pero esta está por dentro, y no se la puede ver. Es notable lo bien organizada que está esa parte del cuerpo en nosotras. Antes de cumplir los once o doce años, no sabía que también estaban los labios de dentro de la vulva, porque no se veían. Y lo más curioso del caso es que yo pensaba que la orina salía del clítoris. Una vez, cuando le pregunté a mamá lo que significaba esa cosa sin salida, me dijo que no sabía. ¡Qué rabia me da que siempre se esté haciendo la tonta!

Pero volvamos al tema. ¿Cómo diablos hay que hacer para describir la cosa sin un ejemplo a mano? ¿Hacemos la prueba aquí? ¡Pues vamos!

De frente, cuando estás de pie, no ves más que pelos. Entre las piernas hay una especie de almohadillas, unos elementos blandos, también con pelo, que cuando estás de pie están cerradas, y no se puede ver lo que hay dentro. Cuando te sientas, se separan, y por dentro tienen un aspecto muy rojo y carnoso, nada bonito. En la parte superior, entre los labios mayores, arriba, hay como un pliegue de la piel, que mirado más detenidamente resulta ser una especie de tubo, y que es el clítoris. Luego vienen los labios menores, que también están pegados uno a otro como si fueran un pliegue. Cuando se abren, dentro hay un bultito carnoso, no más grande que la punta de un dedo. La parte superior es porosa: allí hay unos cuantos orificios por donde sale la orina. La parte inferior parece estar compuesta solo por piel, pero sin embargo allí está la vagina. Está casi toda cubierta de pliegues de la piel, y es muy difícil descubrirla. Es tan tremendamente pequeño el orificio que está debajo, que casi no logro imaginarme cómo un hombre puede entrar ahí, y menos cómo puede salir un niño entero. Es un orificio al que ni siquiera con el dedo puedes entrar fácilmente. Eso es todo, y pensar que todo esto juega un papel tan importante.

Tu Anne M. Frank

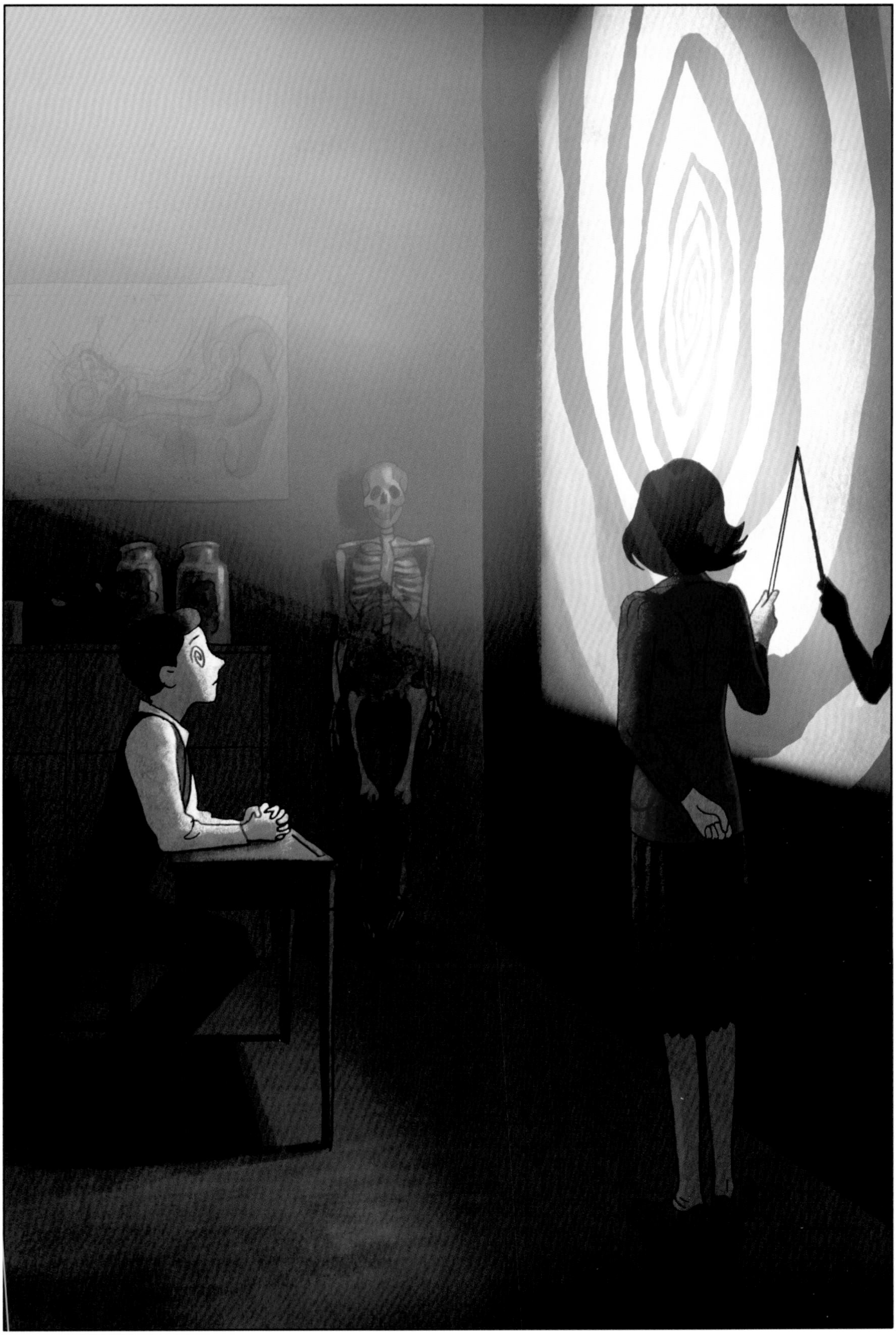

Martes, 28 de marzo de 1944

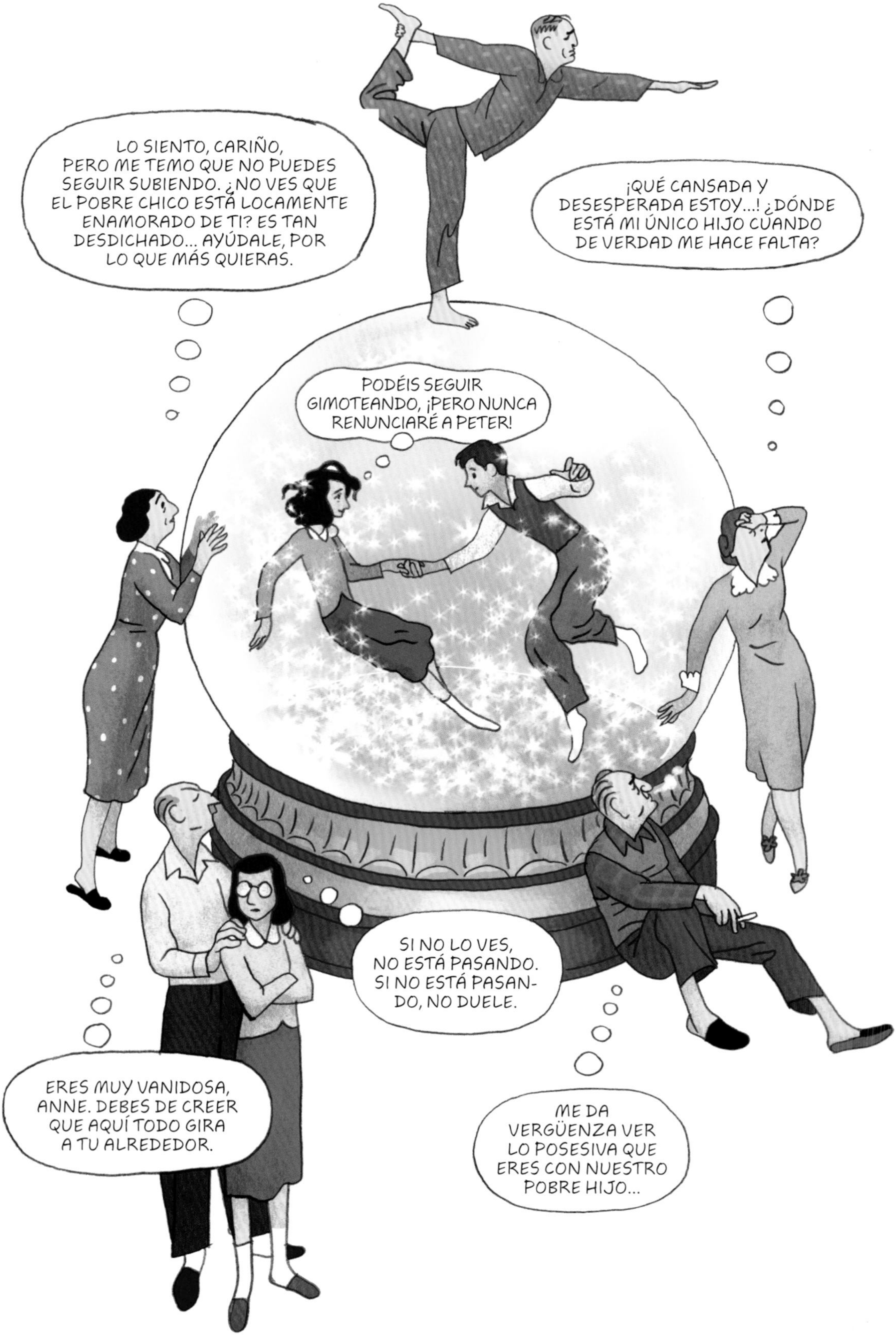
LO SIENTO, CARIÑO, PERO ME TEMO QUE NO PUEDES SEGUIR SUBIENDO. ¿NO VES QUE EL POBRE CHICO ESTÁ LOCAMENTE ENAMORADO DE TI? ES TAN DESDICHADO... AYÚDALE, POR LO QUE MÁS QUIERAS.
¡QUÉ CANSADA Y DESESPERADA ESTOY...! ¿DÓNDE ESTÁ MI ÚNICO HIJO CUANDO DE VERDAD ME HACE FALTA?
PODÉIS SEGUIR GIMOTEANDO, ¡PERO NUNCA RENUNCIARÉ A PETER!
SI NO LO VES, NO ESTÁ PASANDO. SI NO ESTÁ PASANDO, NO DUELE.
ERES MUY VANIDOSA, ANNE. DEBES DE CREER QUE AQUÍ TODO GIRA A TU ALREDEDOR.
ME DA VERGÜENZA VER LO POSESIVA QUE ERES CON NUESTRO POBRE HIJO...

No lo entiendo: ¿por qué tienen que estar metiendo los viejos sus narices? No comprenden lo que nos atrae tanto mutuamente! Por suerte, estoy acostumbrada a ocultar lo que llevo dentro, por lo que no me resulta nada difícil no demostrar lo mucho que le quiero.

Cuando él está recostado con la cabeza en los brazos y los ojos cerrados, es aún un niño.

Cuando juega con Mouschi, está lleno de amor.

Cuando carga patatas, está lleno de fuerza.

Está lleno de valor cuando se pone a mirar los disparos...

... o los ladrones en la oscuridad.

Y cuando hace las cosas con torpeza y falto de habilidad, está lleno de ternura.

No me han dicho muchas veces que soy guapa. Hasta ayer:

¡SONRÍE!

¿POR QUÉ SIEMPRE QUIERES QUE SONRÍA?

ES QUE SE TE FORMAN HOYUELOS EN LAS MEJILLAS.

SON DE NACIMIENTO. SON LOS ÚNICOS ELEMENTOS DE BELLEZA QUE POSEO.

Miércoles, 29 de marzo de 1944

Querida Kitty: Anoche, por Radio Orange, el ministro Bolkestein dijo que después de la guerra se hará una recolección de diarios y cartas relativos a la guerra. Por supuesto que todos se abalanzaron sobre mi diario. ¡Imagínate lo interesante que sería editar una novela sobre «la Casa de atrás»!

En el año 3001, los arqueólogos darán a conocer la mayor sensación de la década: una casa entera de la época de la Segunda Guerra Mundial.

¡EH, JEFE, MIRE LO QUE HE ENCONTRADO!

NO ES UNA NOVELA, SINO UN DIARIO. UN DIARIO DE TIEMPOS ANTIGUOS, DE CUANDO EXTERMINARON A LOS JUDÍOS.

Sabrán del miedo que tenemos las mujeres cuando hay bombardeos.

Sabrán cómo tiemblan las casas cuando trescientos cincuenta aviones ingleses lanzan más de media tonelada de bombas al día.

No podrán creerse la cantidad de epidemias que se han desatado.

Les sorprenderá el precio de una triste patata.

Los médicos no pueden ir a asistir a los enfermos porque cada dos por tres les roban la bicicleta. Niños de ocho años se vuelven ladrones.

¡NO TE ATREVAS A DEJAR TU CASA NI UN INSTANTE!

Se venden objetos robados en todas las esquinas.

La ración semanal no alcanza ni para dos días. Todo el mundo está muy débil.

Los zapateros son los nuevos dioses: ¡arreglar una suela cuesta dos gramos de oro!

Hay una cosa buena en todo esto, y es que el sabotaje contra el gobierno aumenta a medida que la calidad de los alimentos empeora y las medidas contra la población se hacen más severas.

Lunes, 3 de abril de 1944

Mi querida Kitty:
Contrariamente a lo que tengo por costumbre, pasaré a escribirte con todo detalle sobre la comida, ya que se ha convertido en un factor primordial y difícil, no solo en la Casa de atrás, sino también e Holanda, en toda Europa y aún más allá. En los veintiún meses que llevamos aquí, hemos tenido unos cuantos «ciclos de comidas», en los que todos los días comemos el mismo plato o la misma verdura.

Diciembre: col

col con arena · col sin arena · col frita · sopa de col

Enero: espinacas

espinacas enrolladas · bocadillo de espinacas · mascarilla de espinacas · espinacas para la fuerza

Febrero: fiambre

tartar de fiambre · arte con fiambre · tortita de fiambre · fiambre seco

Marzo: pepino

pepino flambeado · mazorca de pepino · pepino relleno · rodajas de pepino

128

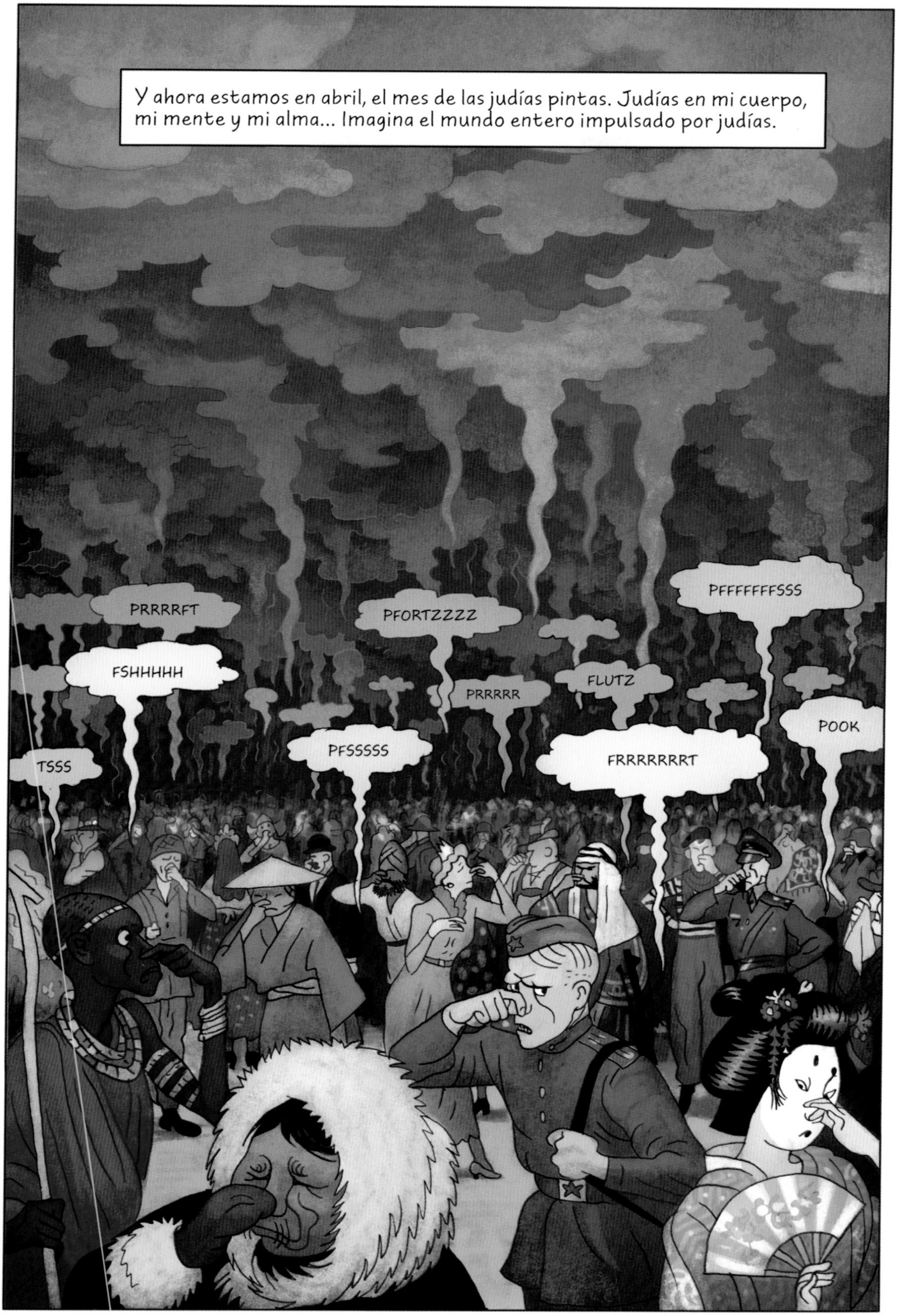
Y ahora estamos en abril, el mes de las judías pintas. Judías en mi cuerpo, mi mente y mi alma... Imagina el mundo entero impulsado por judías.
PFFFFFFFSSS
PRRRRFT
PFORTZZZZ
FSHHHHH
FLUTZ
PRRRRR
POOK
TSSS
PFSSSSS
FRRRRRRRT

Mi querida Kitty: Pasamos una bonita tarde de domingo, escuchando un concierto de Mozart en la radio. Todo estaba muy tranquilo, ¡hasta que Peter subió corriendo las escaleras para decirnos que había ladrones en el almacén!

Como nos temíamos, la policía llegó enseguida y empezó a registrar el edificio. Nos asustamos mucho al notar que estaban al otro lado de la estantería giratoria. Al oír su traqueteo, dejamos de respirar mientras a los ocho se nos desbocaba el corazón. Estábamos convencidos de que íbamos a morir.

1. ME VOY CON HONOR EN MIS ÚLTIMOS MOMENTOS.

2. OJALÁ HUBIÉRAMOS QUEMADO EL DIARIO DE ANNE. ES LA ÚNICA PRUEBA QUE TIENEN CONTRA NOSOTROS.

3. HE VIVIDO COMO UNA DAMA Y MORIRÉ COMO UNA DAMA.

4. MI ÚLTIMO DESEO.

5. QUERIDO DIOS, HAS SIDO MUY BUENO CONMIGO. GRACIAS.

6. POR FIN RECIBO LA RECOMPENSA POR HABERME PORTADO SIEMPRE BIEN.

7. TENDRÍA QUE HABÉRSELO PEDIDO ANOCHE.

8. SI TÚ TE VAS, KITTY, ¡¡ME VOY CONTIGO!!

Domingo, 16 de abril de 1944

Mi querida Kitty: Grábate en la memoria el día de ayer, que es muy importante en mi vida.
¿No es importante para cualquier chica cuando la besan por primera vez? Para mí al menos lo es.

20.00

¿DARÁ EL PASO ANTES DE QUE TERMINE LA GUERRA...?

Anoche, a las ocho, estaba yo sentada con Peter en su diván.

20.30

TENDRÉ QUE DECIDIRME YO.

21.00

PUEDE QUE EN REALIDAD SOLO SEAMOS AMIGOS.

21.10

¡QUÉ ABURRIMIENTO!

21.15

EN FIN...

21.30

BUENO, PETER, SON LAS NUEVE Y MEDIA. TENGO QUE IRME.

Pero entonces... cuando yo miraba a la izquierda y él miraba a la derecha, cambiamos de lado por casualidad y... ¡sucedió!

Viernes, 28 de abril de 1944

Querida Kitty:

Ayer ocurrió algo extraordinario: me di cuenta por primera vez de que no hay una sola Anne Frank, sino dos. Peter y yo estábamos sentados juntos en el diván, como de costumbre. En ese momento la Anne habitual se esfumó de repente, y en su lugar apareció la segunda Anne, esa segunda Anne que no es temeraria y divertida, sino que tan solo quiere amar y ser tierna.

La suave Anne aparece muy pocas veces y no se deja mandar a paseo tan pronto. ¡¡¡Ha venido para quedarse!!!

Martes, 2 de mayo - Viernes, 5 de mayo de 1944

Querida Kitty: El sábado por la noche le pregunté a Peter si le parecía que debía contarle a papá lo nuestro, y tras algunas idas y venidas le pareció que sí. Me alegré, porque es una señal de su buen sentir.

Entonces llegaron las restricciones:

NO SUBAS TANTO A
SU HABITACIÓN.

NO LO ANIMES MÁS
DE LO NECESARIO.

EN ESTAS COSAS EL HOMBRE
SIEMPRE ES EL ACTIVO,
LA MUJER PUEDE FRENAR.

OTROS CHICOS Y CHICAS
PUEDEN SALIR...

PERO ¿Y TÚ? ¿Y ÉL? NO
PUEDEN MARCHARSE,
ESTÁN ATRAPADOS.

LO CIERTO ES QUE ÉL PODRÍA
PASARLO MAL, ANNE.

NO OLVIDES, ANNE, QUE PETER NO ES FUERTE DE CARÁCTER.

SE DEJA INFLUENCIAR FÁCILMENTE HACIA EL LADO BUENO.

PERO TAMBIÉN HACIA EL LADO MALO.

Papá no está contento conmigo; se pensó que después de nuestra conversación del domingo, automáticamente dejaría de ir todas las noches arriba. Quiere que acabemos con el «besuqueo». No me gustó nada esa palabra; bastante difícil ya es tener que hablar de ese tema. ¿Por qué me quiere hacer sentir tan mal? Hoy hablaré con él. Margot me ha dado algunos buenos consejos. Lo que le voy a decir es más o menos lo siguiente:

«Papá, creo que esperas que te dé una explicación, y te la daré. Te he desilusionado, esperabas que fuera más recatada. Seguramente quieres que me comporte como ha de comportarse una chica de catorce años, ¡pero te equivocas!

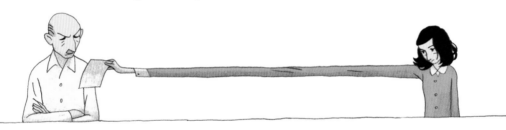

»Desde que estamos aquí, desde julio de 1942 hasta hace algunas semanas, las cosas no han sido fáciles para mí. Si supieras lo mucho que he llorado por las noches, lo desesperanzada y desdichada que he sido; lo sola que me he sentido, comprenderías por qué quiero ir arriba. No ha sido de un día para otro que me las he apañado para llegar hasta donde he llegado, y para saber vivir sin una madre y sin la ayuda de nadie en absoluto. Me ha costado mucho, muchísimo sudor y lágrimas llegar a ser tan independiente. Ríete si quieres y no me creas, que no me importa. Sé que soy una persona que está sola y no me siento responsable en lo más mínimo ante vosotros. Te he contado todo esto porque no quisiera que pensaras que estoy ocultándote algo, pero solo a mí misma tengo que rendir cuentas de mis actos. Cuando me vi en dificultades, vosotros, y también tú, cerrasteis los ojos e hicisteis oídos sordos, y no me ayudasteis; al contrario, no hicisteis más que amonestarme, para que no fuera tan escandalosa. Pero yo solo era escandalosa por no estar siempre triste, era temeraria por no oír continuamente esa voz dentro de mí. He sido una comedianta durante año y medio, día tras día; no me he quejado, no me he salido de mi papel, nada de eso, y ahora he dejado de luchar. ¡He triunfado! Soy independiente, en cuerpo y alma, ya no necesito una madre, la lucha me ha hecho fuerte. Y ahora, ahora que he superado todo esto, y que sé que ya no tendré que seguir luchando, quisiera seguir mi camino, el camino que me plazca. No puedes ni debes considerarme una chica de catorce años; las penas vividas me han hecho mayor. No me arrepentiré de mis actos, y haré lo que crea que puedo hacer.»

Tu Anne M. Frank

Querida Kitty: Como te podrás imaginar, aquí vivimos diciendo y repitiendo con desesperación «Para qué, ¡ay!, para qué diablos sirve la guerra, por qué los hombres no pueden vivir pacíficamente, por qué tienen que destruirlo todo...».

¿Por qué en Inglaterra construyen aviones cada vez más grandes, bombas cada vez más potentes...

... y, por otro lado, casas normalizadas para la reconstrucción del país?

¿Por qué se destinan a diario miles de millones a la guerra...

... y no se reserva ni un céntimo para la medicina, los artistas y los pobres?

¿Por qué la gente tiene que pasar hambre,...

... cuando en otras partes del mundo hay comida en abundancia, pudriéndose?

Es que hay en el hombre un afán de destruir, un afán de matar, de asesinar y ser una fiera. Mientras toda la humanidad, sin excepción, no haya sufrido una metamorfosis, la guerra seguirá haciendo estragos, y todo lo que se ha construido, cultivado y desarrollado hasta ahora quedará truncado y destruido, para luego volver a empezar.

Muchas veces he estado decaída, pero nunca he desesperado; este período de estar escondidos me parece una aventura, peligrosa, romántica e interesante. En mi diario considero cada una de nuestras privaciones como una diversión. ¿Acaso no me había propuesto llevar una vida distinta de las otras chicas, y más tarde también distinta de las amas de casa corrientes? Este es un buen comienzo de esa vida interesante y por eso, solo por eso, me da la risa en los momentos más peligrosos, por lo cómico de la situación.

Lunes, 8 de mayo de 1944

Querida Kitty: ¿Te he contado alguna vez algo sobre nuestra familia? Papá nació en Francfort del Meno, y sus padres eran gente de dinero.

Hablando de dinero, Miep nos contó algunas cosas sobre la fiesta de compromiso de su prima, a la que fue el sábado. Los padres de la prima son ricos; los del novio, más ricos aún. Se nos hizo la boca agua cuando Miep nos explicó lo que comieron.
Solo habíamos desayunado dos cucharadas de papilla de avena.

Miep se bebió diez copas y se fumó tres cigarrillos. ¿Es esta la mujer antialcohólica que dice ser? Si Miep estuvo bebiendo tanto, ¿cuánto habrá bebido su señor esposo?

Te puedo asegurar que le íbamos sacando a Miep las palabras de la boca, que nos pusimos a su alrededor como si en la vida hubiéramos oído hablar de una buena comida o de gente distinguida. Si Miep nos hubiera invitado a que la acompañáramos a la fiesta, no habría quedado un solo bocadillo para los demás invitados. Si hubiéramos estado nosotros en esa fiesta, habríamos organizado un gran pillaje y no habríamos dejado ningún mueble en su sitio. ¡Cómo pueden cambiar las cosas en este mundo!

Tu Anne M. Frank

Jueves, 11 de mayo de 1944

Querida Kitty: Por extraño que parezca, me falta tiempo para liquidar la montaña de cosas que me esperan.

Esta semana: leer 250 páginas de Galileo Galilei

La semana que viene: segunda parte de la biografía de Galileo (240 páginas)

Esta semana: terminé de leer la primera parte de la biografía de Carlos V

La semana que viene: pasar a limpio la cantidad de genealogías de Carlos V

Terminé de estudiar la guerra de los Siete Años

La semana que viene: la guerra de los Nueve Años

Aprenderme de memoria 50 palabras en griego

Aprenderme de memoria 50 palabras en francés

Los griegos —Teseo, Edipo, Peleo, Orfeo, Jasón y Hércules— necesitan mi atención.

La semana que viene, mis estrellas de cine: qué premios han ganado y cuándo.

Ahora otro tema: desde hace mucho sabes que mi mayor deseo es ser periodista y más tarde una escritora famosa. Habrá que ver si algún día podré llevar a cabo esta ilusión (o delirio) de grandeza, pero temas hasta ahora no me faltan. De todos modos, cuando acabe la guerra quisiera publicar un libro titulado *La Casa de atrás*.
Mientras, practico con relatos breves, y hace poco he terminado uno, «La vida de Cady».

Cady sigue en un sanatorio, recuperándose de la marcha de Hans.

Cuando sale del sanatorio, se entera de que Hans se ha convertido en un nazi.

Cady tiene que romper con Hans otra vez.

Para recuperarse, decide hacerse enfermera.

Años más tarde, Cady se encuentra con Hans por casualidad, en el lago de Como.

Cady se casa con Simón, un hombre acaudalado. Empieza a quererlo mucho, pero nunca tanto como a Hans. En sus pensamientos siempre sigue estando Hans.

P.S. El relato de Cady no es una tontería sentimental, ¡porque incluye en parte la historia de papá! Se casó con la primera mujer que encontró después de que el amor de su vida lo abandonara.

Mi querida Kitty:

This is D-day, ha dicho a las doce del mediodía la radio inglesa, y con razón.
This is «the» day: ¡La invasión ha comenzado!

Once mil aviones están preparados y vuelan incesantemente para transportar tropas y realizar bombardeos detrás de las líneas de combate. Se había bombardeado la costa por la noche, con cinco mil toneladas de bombas. Cuatro mil naves de desembarco y otras embarcaciones más pequeñas tocan tierra sin cesar entre Cherburgo y El Havre. Tropas inglesas y estadounidenses se encuentran en pleno combate. Desde los aviones soltaron muñecos de paja y maniquíes que fueron a parar detrás de las posiciones alemanas; estos muñecos explotaron al tocar tierra. También aterrizaron muchos paracaidistas, que estaban pintados de negro para pasar inadvertidos en la noche. ¡Ay, Kitty, lo más hermoso de la invasión es que me da la sensación de que quienes se acercan son amigos! Los malditos alemanes nos han oprimido y nos han puesto el puñal contra el pecho durante tanto tiempo, que los amigos y la salvación lo son todo para nosotros. Ahora ya no se trata de los judíos, se trata de toda Holanda, Holanda y toda la Europa ocupada. Tal vez, dice Margot, en septiembre u octubre pueda volver al colegio.

Tu Anne M. Frank

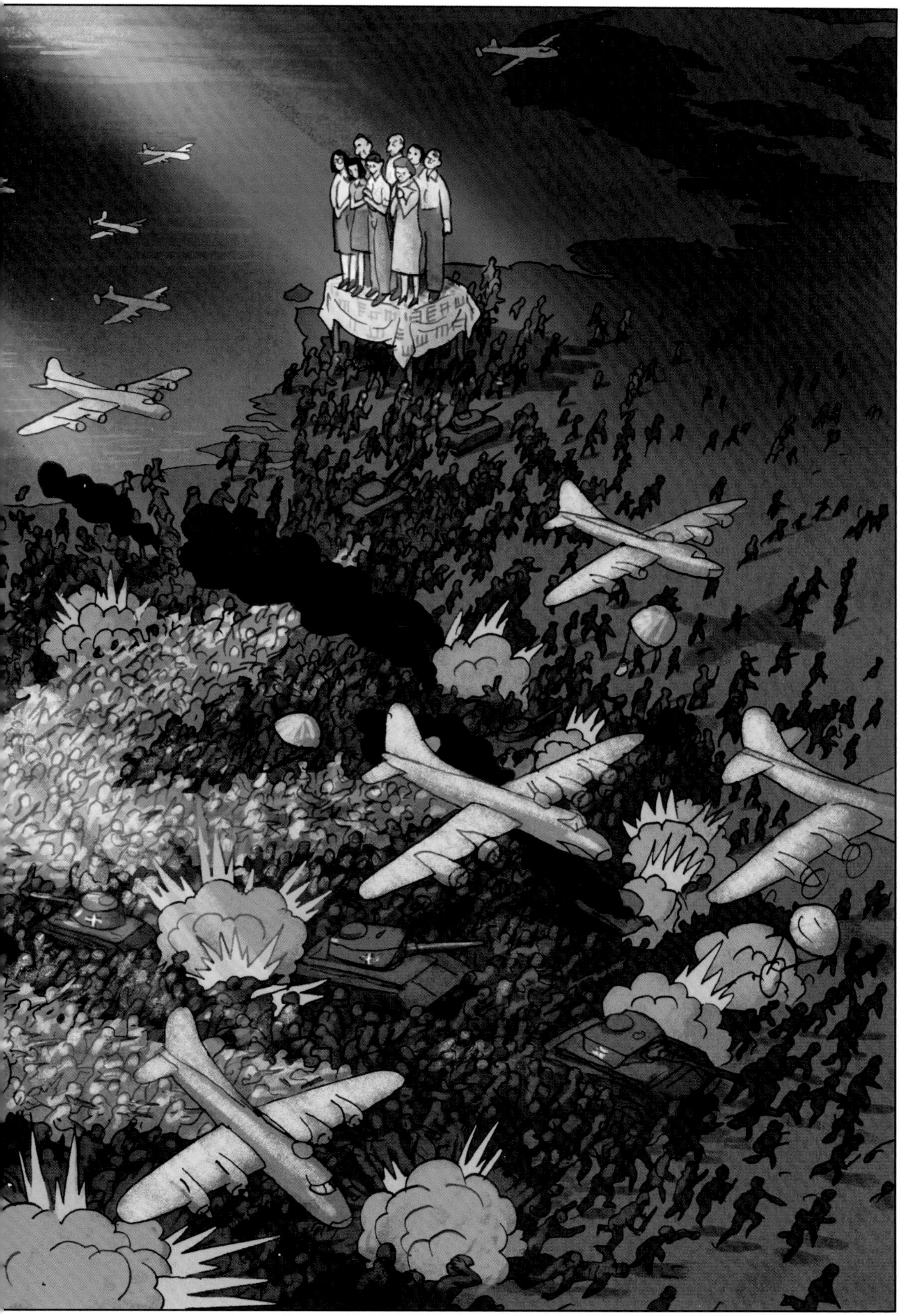

Querida Kit: La ociosa Inglaterra por fin se ha puesto manos a la obra. No saben lo injusto que es su razonamiento cuando dicen una y otra vez que aquí no quieren una ocupación inglesa. Con todo, el razonamiento viene a ser más o menos el siguiente: Inglaterra tiene que luchar, combatir y sacrificar a sus hijos por Holanda y los demás territorios ocupados. Los ingleses no pueden quedarse en Holanda, tienen que presentar sus disculpas a todos los estados ocupados, tienen que devolver las Indias a sus antiguos dueños, y luego podrán volverse a Inglaterra, empobrecidos y maltrechos. Pobres diablos los que piensan así. A todos los holandeses que aún miran a los ingleses por encima del hombro, que tachan a Inglaterra y a su gobierno de viejos seniles, que califican a los ingleses de cobardes, pero que sin embargo odian a los alemanes, habría que sacudirlos como se sacude una almohada, así tal vez sus sesos enmarañados se plegarían de forma más sensata...

Más de una vez, una de las preguntas que no me deja en paz por dentro es por qué en el pasado, y a menudo aún ahora, los pueblos conceden a la mujer un lugar tan inferior al que ocupa el hombre. Todos dicen que es injusto, pero con eso no me doy por contenta: lo que quisiera conocer es la causa de semejante injusticia.

Es de suponer que el hombre, dada su mayor fuerza física, ha dominado a la mujer desde el principio. Ha sido una gran equivo-cación por parte de tantas mujeres tolerar, hasta hace poco tiempo, que todo siguiera así sin más.

A los soldados y héroes de guerra se les honra y rinde homenaje, a los descubri-dores se les concede fama eterna, se venera a los mártires...

Pero ¿qué parte de la humanidad en su conjunto también considera soldados a las mujeres? Las mujeres son soldados mucho más valientes y heroicos, que combaten y padecen dolores para preservar a la humanidad, mucho más que tantos libertadores con todas sus bonitas historias... Los hombres lo tienen fácil, nunca han tenido que soportar los pesares de una mujer, ni tendrán que soportarlos nunca.

Por suerte, la enseñanza, el trabajo y el desarrollo le han abierto un poco los ojos a la mujer. En muchos países las mujeres han obtenido la igualdad de derechos; mucha gente, sobre todo mujeres, pero también hombres, ven ahora lo mal que ha estado dividido el mundo durante tanto tiempo, y las mujeres modernas exigen su derecho a la independencia total.

Viernes, 16 de junio de 1944

Querida Kitty: Nuevos problemas: la señora está desesperada, habla de:

Dejar que le peguen un tiro.

Hacer que la ahorquen.

Suicidarse.

Tiene celos.

Está ofendida...

... riñe, insulta, llora, se lamenta y vuelve a empezar con las riñas.

Y hace que todos nos sintamos peor aún que de costumbre.

Jueves, 6 de julio de 1944

Me entra un miedo terrible cuando Peter dice que más tarde quizá se haga criminal o especulador. Me da la sensación de que él mismo tiene miedo de su débil carácter, pero no es el único.

Peter está empezando a apoyarse en mí, y eso no ha de suceder bajo ningún concepto. Estoy flotando un poco a la deriva, buscando desde hace muchos días un remedio eficaz contra la palabra «fácil», que no me gusta nada. ¿Cómo puedo hacerle ver que lo que parece fácil y bonito hará que caiga en un abismo, en el que ya no habrá amigos, ni ayuda, ni ninguna cosa bonita, un abismo del que es prácticamente imposible salir?

Sábado, 15 de julio de 1944

Querida Kitty:

De la biblioteca nos han traído un libro con un título muy provocativo: *¿Qué opina usted de la adolescente moderna?* Sobre este tema quisiera hablar hoy contigo.

La autora critica de arriba abajo a los «jóvenes de hoy en día»; sin embargo, no los rechaza totalmente a todos como si no fueran capaces de hacer nada bueno. Al contrario, más bien opina que si los jóvenes quisieran, podrían construir un gran mundo mejor y más bonito, pero que al ocuparse de cosas superficiales, no reparan en lo esencialmente bello. En algunos momentos de la lectura me dio la sensación de que la autora se refería a mí con sus censuras, y por eso ahora por fin quisiera mostrarte cómo soy realmente por dentro y defenderme de este ataque.

Tengo una cualidad que sobresale mucho y que a todo aquel que me conoce desde algún tiempo tiene que llamarle la atención, y es el conocimiento de mí misma. Sin ningún prejuicio y con una bolsa llena de disculpas, me planto frente a la Anne de todos los días y observo lo que hace bien y lo que hace mal. Esa conciencia de mí misma nunca me abandona y enseguida después de pronunciar cualquier palabra sé: esto lo tendrías que haber dicho de otra forma, o: esto está bien dicho. Me condeno a mí misma en miles de cosas y me doy cuenta cada vez más de lo acertadas que son las palabras de papá, cuando dice que cada niño debe educarse a sí mismo. Los padres tan solo pueden dar consejos o recomendaciones, pero en definitiva la formación del carácter de uno está en sus propias manos. A esto hay que añadir que poseo una enorme valentía de vivir, me siento siempre tan fuerte y capaz de aguantar, tan libre y tan joven... La primera vez que me di cuenta de ello me puse contenta, porque no pienso doblegarme tan pronto a los golpes que a todos nos toca recibir.

¿Cómo es posible que papá nunca me haya apoyado en mi lucha, que se haya equivocado de medio a medio cuando quiso tenderme una mano? Papá ha empleado métodos desacertados, siempre me ha hablado como a una niña que tiene que pasar por una infancia difícil. Suena extraño, porque nadie ha confiado siempre en mí más que papá y nadie me ha dado la sensación de ser una chica sensata más que papá. Pero hay una cosa que ha descuidado, y es que no ha pensado en que mi lucha por superarme era para mí mucho más importante que todo lo demás.

Sin embargo, no ha sido esa la causa de mi mayor decepción, no, mucho más que por papá me devano los sesos por Peter. Sé muy bien que he sido yo quien lo ha conquistado a él, y no a la inversa, me he forjado de él una imagen de ensueño, lo veía como a un chico callado, sensible, bueno, muy necesitado de cariño y amistad. Yo necesitaba expresarme alguna vez con una persona viva. Quería tener un amigo que me pusiera otra vez en camino, acabé la difícil tarea y poco a poco hice que él se volviera hacia mí. Cuando por fin había logrado que tuviera sentimientos de amistad para conmigo, sin querer llegamos a las intimidades que ahora, pensándolo bien, me parecen fuera de lugar. He cometido un gran error al excluir cualquier otra posibilidad de tener una amistad con él, y al acercarme a él a través de las intimidades. Está ansioso de amor y me quiere cada día más, lo noto muy bien. He atraído a Peter hacia mí a la fuerza, mucho más de lo que él se imagina, y ahora él se aferra a mí y de momento no veo ningún medio eficaz para separarlo de mí y hacer que vuelva a valerse por sí mismo. Es que desde que me di cuenta, muy al principio, de que él no podía ser el amigo que yo me imaginaba, me he empeñado para que al menos superara su mediocridad y se hiciera más grande aun siendo joven.

«Porque en su base más profunda, la juventud es más solitaria que la vejez.» Esta frase se me ha quedado grabada de algún libro y me ha parecido una gran verdad. ¿De verdad es cierto que los mayores aquí lo tienen más difícil que los jóvenes? No, de ninguna manera. Las personas mayores tienen su opinión formada sobre todas las cosas y ya no vacilan ante sus actos en la vida. A los jóvenes nos resulta doblemente difícil conservar nuestras opiniones en unos tiempos en los que se destruye y se aplasta cualquier idealismo, en los que la gente deja ver su lado más desdeñable, en los que se duda de la verdad y de la justicia y de Dios.

Quien así y todo sostiene que aquí, en la Casa de atrás, los mayores lo tienen mucho más difícil, seguramente no se da cuenta de que a nosotros los problemas se nos vienen encima en mucha mayor proporción. Problemas para los que tal vez seamos demasiado jóvenes, pero que igual acaban por imponérsenos, hasta que al cabo de mucho tiempo creemos haber encontrado una solución, que luego resulta ser incompatible con los hechos, que la hacen rodar por el suelo. Ahí está lo difícil de estos tiempos: la terrible realidad ataca y aniquila totalmente los ideales, los sueños y las esperanzas en cuanto se presentan. Es un milagro que todavía no haya renunciado a todas mis esperanzas, porque parecen absurdas e irrealizables. Sin embargo, sigo aferrándome a ellas, pese a todo, porque sigo creyendo en la bondad interna de los hombres.

Me es absolutamente imposible construir cualquier cosa sobre la base de la muerte, la desgracia y la confusión. Veo cómo el mundo se va convirtiendo poco a poco en un desierto, oigo cada vez más fuerte el trueno que se avecina y que nos matará, comparto el dolor de millones de personas, y sin embargo, cuando me pongo a mirar el cielo, pienso que todo cambiará para bien, que esta crueldad también acabará, que la paz y la tranquilidad volverán a reinar en el orden mundial. Mientras tanto tendré que mantener bien altos mis ideales.
Tal vez en los tiempos venideros aún se puedan llevar a la práctica...

Tu Anne M. Frank

Viernes, 21 de julio de 1944

Querida Kitty: ¡Me han vuelto las esperanzas, por fin las cosas resultan! Sí, de verdad, ¡todo marcha viento en popa! ¡Noticias bomba! Ha habido un atentado contra Hitler.

MEIN FÜHRER, LO SIENTO, PERO TENGO QUE IRME YA. MI MUJER ME RECLAMA.

SE HA DEJADO EL MALETÍN. IRÉ TRAS ÉL.

NO SE MOLESTE, SU MUJER LO MATARÁ DE TODOS MODOS.

TIC TAC TIC TAC TIC TAC TIC TAC TIC TAC

¿HA SIDO UN JUDÍO?

NO, MEIN FÜHRER.

¿UN COMUNISTA?

NO, MEIN FÜHRER.

¿Y ENTONCES?

HA SIDO UNO DE LOS NUESTROS.

Por desgracia, Hitler solo ha sufrido unos rasguños y quemaduras. Algunos de sus oficiales y generales más allegados han resultado muertos o heridos. El autor principal del atentado ha sido fusilado. Sin duda es la mejor prueba de que muchos oficiales y generales están hartos de la guerra y querrían que Hitler se fuera al otro barrio.

¡TODO SOLDADO QUE SEPA QUE SU COMANDANTE HA TENIDO PARTICIPACIÓN EN EL COBARDE Y MISERABLE ATENTADO TIENE PERMISO PARA METERLE UN BALAZO!

Han pensado en fundar una dictadura militar, firmar la paz con los aliados...

... armarse de nuevo...

... y empezar una nueva guerra después de una veintena de años.

PEPITO, MIRA CUÁNTO HAN ENGORDADO LOS INGLESES.

Ahora que el Führer ha dado esa orden, imagínate esto: el bueno de Pepito huye del ejército ruso con los pies doloridos de tanto correr.

¿POR QUÉ VAS SIEMPRE EL ÚLTIMO, PEPITO? ¡ERES UNA TORTUGA!

Pepito coge su fusil.

TE CONOZCO, ¡TU QUERÍAS MATAR AL FÜHRER!

¿QUÉ? ¿HE SIDO LO BASTANTE RÁPIDO?

Al final, el asunto va a ser que los señores oficiales van a hacérselo encima de miedo cuando se topen con un soldado o cuando tengan que impartir órdenes, porque los soldados tendrán más autoridad y poder que ellos. Los alemanes matándose entre sí; el sueño de los aliados.

Martes, 1 de agosto de 1944

Querida Kitty:

«Un manojo de contradicciones» es la última frase de mi última carta y la primera de esta. «Un manojo de contradicciones», ¿serías capaz de explicarme lo que significa? ¿Qué significa contradicción? Como tantas otras palabras, tiene dos significados, contradicción por fuera y contradicción por dentro. Lo primero es sencillamente no conformarse con la opinión de los demás, pretender saber más que los demás, tener la última palabra, en fin, todas las cualidades desagradables por las que se me conoce, y lo segundo, que no es por lo que se me conoce, es mi propio secreto. Ya te he contado alguna vez que mi alma está dividida en dos, como si dijéramos. En una de esas dos partes reside mi alegría extravertida, mis bromas y risas, mi alegría de vivir y sobre todo el no tomarme las cosas a la tremenda. Eso también incluye el no ver nada malo en las coqueterías, en un beso, un abrazo, una broma indecente. Es cierto que soy un payaso divertido por una tarde, y luego durante un mes todos están de mí hasta las narices.

En realidad soy lo mismo que una película de amor para los intelectuales: simplemente una distracción, una diversión por una vez, algo para olvidar rápidamente, algo que no está mal pero que menos aún está bien. Tengo mucho miedo de que todos los que me conocen tal y como siempre soy descubran que tengo otro lado, un lado mejor y más bonito. Tengo miedo de que se burlen de mí, de que me encuentren ridícula, sentimental y de que no me tomen en serio. O sea, que la Anne buena no se ha mostrado nunca, ni una sola vez, en sociedad, pero cuando estoy sola casi siempre lleva la voz cantante. Sé perfectamente cómo me gustaría ser y cómo soy... por dentro, pero lamentablemente solo yo pienso que soy así. Y esa quizá sea, no, seguramente es, la causa de que yo misma me considere una persona feliz por dentro, y de que la gente me considere una persona feliz por fuera. La Anne alegre lo toma a risa, replica con insolencia, se encoge de hombros, hace como si no le importara, pero no es cierto: la reacción de la Anne callada es totalmente opuesta. Si soy sincera de verdad, te confieso que me afecta, y que hago un esfuerzo enorme para ser de otra manera, pero que una y otra vez sucumbo a ejércitos más fuertes. Dentro de mí oigo un sollozo: «Ya ves lo que has conseguido: malas opiniones, caras burlonas y molestas, gente que te considera antipática, y todo ello solo por no querer hacer caso de los buenos consejos de tu propio lado mejor». ¡Ay, cómo me gustaría hacerle caso, pero no puedo! Cuando estoy callada y seria, todos piensan que es una nueva comedia, y entonces tengo que salir del paso con una broma, y para qué hablar de mi propia familia, que enseguida se piensa que estoy enferma, y me hacen tragar píldoras para el dolor de cabeza y calmantes, me palpan el cuello y la sien para ver si tengo fiebre, me preguntan si estoy estreñida y me critican cuando estoy de malhumor, y yo no lo aguanto; cuando se fijan tanto en mí, primero me pongo arisca, luego triste y, al final, termino volviendo mi corazón, con el lado malo hacia fuera y el bueno hacia dentro, buscando siempre la manera de ser como de verdad me gustaría ser y como podría ser... si no hubiera otra gente en este mundo.

Tu Anne M. Frank

Aquí termina el diario de Anne.

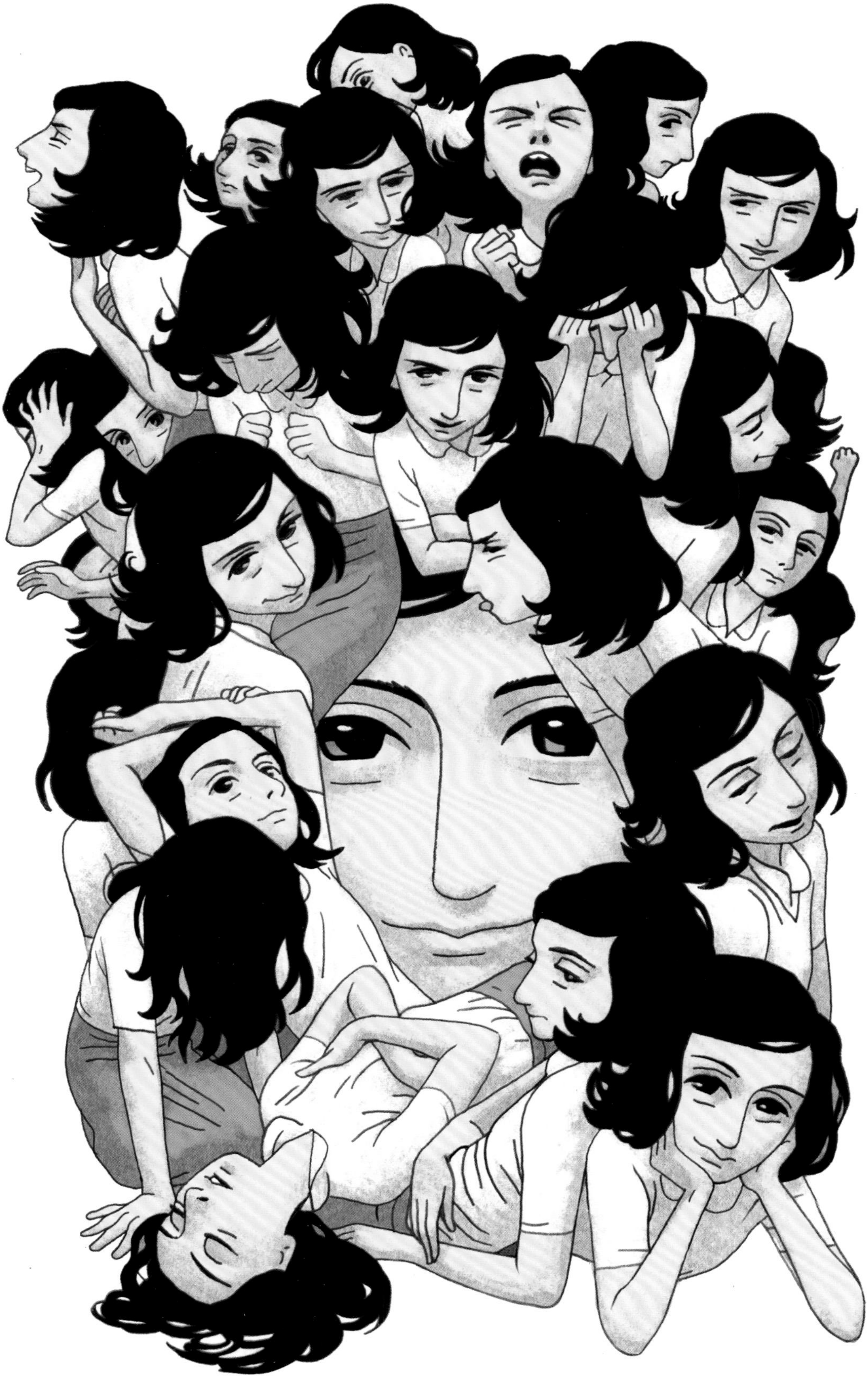

LA HISTORIA DESPUÉS DEL DIARIO

El 4 de agosto de 1944, entre las diez y las diez y media de la mañana, un automóvil se detuvo frente a la casa de Prinsengratch 263. Bajaron de él varias personas: Karl Josef Silberbauer, un sargento de las SS, de uniforme, y al menos tres miembros holandeses de la Policía de Seguridad, armados aunque vestidos de paisano. Sin duda alguna, alguien les había delatado.

Detuvieron a las ocho personas escondidas en la Casa de atrás, así como a dos de sus protectores, Victor Kugler y Johannes Kleiman, pero no a Miep Gies y Elisabeth (Bep) Voskujil, y se llevaron todos los objetos de valor y el dinero que encontraron.

Tras su detención, Kugler y Kleiman fueron conducidos a una prisión de Amsterdam. El 11 de septiembre de 1944 fueron llevados, sin juicio alguno, a un campo en Amersfoort (Holanda). Kleiman fue liberado el 18 de septiembre de 1944 por motivos de salud. Permaneció en Amsterdam hasta su muerte, en 1959.

Kugler logró escapar el 28 de marzo de 1945, cuando les enviaban a él y a otros prisioneros a Alemania para realizar trabajos forzados. En 1955 emigró a Canadá y murió en 1989 en Toronto.

Elisabeth (Bep) Voskujil Wijk murió en Amsterdam en 1983.

Miep Santrouschitz Gies murió el 11 de enero de 2010 en Países Bajos a la edad de cien años; su marido Jan murió en 1993.

Tras su detención, los ocho ocupantes de la Casa de atrás fueron trasladados primero a un centro penitenciario de Amsterdam y luego enviados a Westerbork, un campo de concentración transitorio para judíos situado en el norte de Holanda. Fueron deportados el 3 de septiembre de 1944, en los últimos trenes que salieron de Westerbork, y tres días más tarde llegaron a Auschwitz (Polonia).

Hermann van Pels (van Daan) murió gaseado en Auschwitz en octubre o noviembre de 1944, poco antes de que desmantelaran las cámaras de gas, según Otto Frank.

Auguste van Pels (Petronella van Daan) llegó a Theresienstadt el 9 de abril de 1945, tras haber pasado por los campos de Auschwitz, Bergen-Belsen y Buchenwald. Al parecer, luego fue nuevamente deportada. Se sabe que no sobrevivió, pero se desconoce la fecha de su muerte.

Peter van Pels (van Daan) fue obligado a participar en la «marcha de la muerte» del 16 de enero de 1945 de Auschwitz a Mauthausen (Austria), donde murió el 5 de mayo de 1945, tres días antes de la liberación del campo.

Fritz Pfeffer (Albert Dussel) murió el 20 de diciembre de 1944 en el campo de concentración de Neuengamme, al que había sido trasladado desde el campo de Buchenwald o el de Sachsenhausen.

Edith Frank murió en Auschwitz-Birkenau el 6 de enero de 1945 a causa del hambre y el agotamiento.Margot y Anne Frank fueron evacuadas de Auschwitz a finales de octubre y llevadas a Bergen-Belsen, un campo de concentración situado cerca de Hannover (Alemania). Como consecuencia de las desastrosas condiciones higiénicas, en 1944-1945 hubo una epidemia de tifus que costó la vida a miles de internados, entre ellos, Margot y, días más tarde, Anne. La fecha de su muerte debió de situarse entre finales de febrero y principios de marzo. Los restos de las niñas yacen seguramente en las fosas comunes de Bergen-Belsen. El campo de concentración fue liberado por las tropas inglesas el 12 de abril de 1945.

Otto Frank fue el único de los ocho que sobrevivió a los campos de concentración. Tras la liberación de Auschwitz por las tropas rusas, regresó a Amsterdam pasando por Odessa y Marsella. El día 3 de junio de 1945 llegó a Amsterdam, donde residió hasta 1953. En ese año se mudó a Basilea (Suiza), donde vivía su hermana con su familia, su madre y, más tarde, su hermano. Se casó con Elfriede Markovits Geiringer, una vienesa que, como él, había sobrevivido al campo de Auschwitz y cuyo marido e hijo habían muerto en Mauthausen. Otto Frank se dedicó a la publicación del *Diario* y dedicó todos los ingresos obtenidos a fines benéficos y educativos. En 1963 fundó el Anne Frank Fonds (AFF) en Basilea. Fue la única organización que creó, designada su heredera universal y presidida por el primo de Anne Frank, Buddy Elias, desde 1996 hasta su muerte en 2015. Como propietario de los derechos de copyright de los archivos familiares, el AFF es responsable de publicar el *Diario de Anne Frank*. Hasta la fecha, el AFF mantiene esta tradición, exaltando el legado de Otto Frank. Hasta su muerte el 19 de agosto de 1980, Otto Frank continuó viviendo en Birsfelden, en las afueras de Basilea, donde se dedicó a difundir el mensaje contenido en el diario de su hija entre personas de todo el mundo. Él y su esposa están enterrados en Birsfelden.

EL DIARIO DE ANNE FRANK. LA ADAPTACIÓN GRÁFICA

En su libro *The End of the Holocaust*, el eminente historiador Alvin Rosenfeld sostiene que «es muy probable que haya más gente familiarizada con la época nazi a través de la figura de Anne Frank que a través de ninguna otra figura de ese período, con la posible excepción del propio Adolf Hitler». Rosenfeld explora los numerosos factores que hicieron de Anne Frank un símbolo cuya relevancia no ha disminuido en más de siete décadas. Tal vez sea este el motivo por el que, cuando el Anne Frank Fonds de Basilea se puso en contacto conmigo hace cinco años para proponerme que escribiera y dirigiera una película para niños basada en el diario de Anne, además de editar el diario para convertirlo en una novela gráfica, tuve serias dudas. Lo que más me inquietaba era la idea del diario gráfico. Releer el diario de Anne como adulto y como padre de hijos adolescentes fue una experiencia impactante y cautivadora al mismo tiempo: me parecía inconcebible que una niña de trece años hubiera podido dirigir una mirada tan madura, poética y lírica al mundo que la rodeaba y traducir lo que veía en anotaciones agudas y concisas que rebosan compasión y humor, con un grado de autoconocimiento que pocas veces he encontrado en el mundo de los adultos, y mucho menos entre los niños. El texto es icónico y único, y el proyecto planteaba un importante desafío: si queríamos reproducir todo el texto en una versión gráfica sin omitir una palabra, honrando todas y cada una de las letras que escribió Anne, tendríamos que trabajar con más de 3.500 páginas, lo que nos tomaría casi diez años. Además, ese enfoque no abordaría el principal problema al que nos enfrentamos hoy en día: una caída espectacular del número de lectores infantiles, dado que la mayoría de los niños se han dejado arrastrar por la seducción de las pantallas. La tarea más difícil sería usar solamente una selección del texto original, condensándolo a veces y manteniendo la mayor fidelidad posible a su obra.

Por término medio, cada treinta páginas del texto original darían lugar a diez páginas en la versión gráfica, y muchas de las anotaciones se fusionarían entre sí. En los primeros ocho días de su diario, Anne hizo cuatro anotaciones, que en el diario gráfico se convirtieron en una entrada de diez páginas que abarca todo ese período. El objetivo de combinar múltiples anotaciones era abordar todos los temas tratados por Anne. Al principio, se describe a sí misma como una chica popular, admirada por los chicos de su clase, y a continuación nos introduce poco a poco en el deterioro de las condiciones de los judíos en general y de los Frank en particular a causa de las leyes nazis, cada vez más draconianas, impuestas en los Países Bajos. Esta parte representa una especie de introducción, que ha pasado a ser una sola anotación en el diario.

Otro ejemplo: la continua (y no resuelta) comparación por parte de Anne de su «problemático» yo con su «perfecta» hermana Margot se resume en una sola página gráfica que muestra visualmente los contrastes.

Por supuesto, esta sucinta yuxtaposición de las hermanas no aparece en el diario original, pero Anne se muestra reiteradamente perturbada por la cuestión a lo largo de todas sus páginas.

En ningún momento intentamos adivinar cómo habría podido dibujar Anne su diario si hubiera sido ilustradora en lugar de escritora. Habría sido una labor imposible. No obstante, sí tratamos de preservar su intenso sentido del humor, su sarcasmo (sobre

todo tratándose de la señora Van Daan, un personaje por el que tanto el ilustrador David Polonsky como yo sentimos un cariño especial) y su preocupación obsesiva por la comida, en la que el diario gráfico insiste reiteradamente para explicar lo difícil que resultaba soportar el hambre continua en el escondite.

En la mayoría de los casos, optamos por hacer de los períodos de depresión y desesperación de Anne escenas fantásticas (como los judíos reconstruyendo las pirámides bajo el látigo nazi) o expresarlos a través de sueños.

A medida que avanza el diario, el talento de Anne como escritora se vuelve cada vez más impresionante, y hacia 1944, cuando se enamora locamente de Peter, sus textos evolucionan y pasan de ser sensibles a resultar espectaculares. Nos pareció intolerable renunciar a ellos en favor de las ilustraciones, así que optamos por reproducir páginas enteras de texto intacto.

David Polonsky y yo aprovechamos la ocasión para pedir disculpas si en algún momento nuestra entusiasta interpretación no ha sido fiel al texto original, pero en cada caso valoramos las opciones atentamente. Hemos emprendido este proyecto con la intención de ser fieles a la memoria y el legado de Anne Frank. Nuestra finalidad ha sido siempre preservar el espíritu de Anne Frank en todas y cada una de las viñetas. Además, David y yo deseamos dar las gracias a Yoni Goodman por los guiones gráficos, a Yael Nahlieli por la producción, a Hila Noam por el color, a Jessica Cohen por la revisión final del texto y, de manera especial, a Yves Kugelmann del Anne Frank Fonds, sin el cual este libro nunca se habría publicado.

Ari Folman

Annelies Marie Anne Frank, más conocida como Anne Frank (Frankfurt, 12 de junio de 1929 - Bergen-Belsen, entre finales de febrero y principios de marzo de 1945) fue una niña judía nacida en Alemania, célebre por su diario, escrito mientras se encontraba oculta en un ático junto a su familia para evadir la persecución de los nazis durante la Segunda Guerra Mundial. Los Frank fueron capturados y llevados a distintos campos de concentración alemanes, donde murieron todos salvo su padre, Otto. Anne, la familia y todos los habitantes de la Casa de atrás fueron deportados al campo de concentración de Auschwitz el 2 de septiembre de 1944; Anne y su hermana Margot fueron trasladadas posteriormente al campo de Bergen-Belsen, donde fallecieron de fiebre tifoidea días antes de que el campo fuera liberado.

Ari Folman (1962) nació en Haifa, Israel, hijo de una familia de supervivientes del Holocausto nazi. La guerra del Líbano, así como el ataque de Sabra y Shatila, ocurrida mientras él servía en el ejército con tan solo diecinueve años, marcaron un punto de inflexión en su vida. Su galardonada película de animación documental *Vals con Bashir* (Globo de Oro y nominada a los Óscar en 2008) parte de esta experiencia. También guionista, Folman es actualmente uno de los directores cinematográficos más renombrados de Israel.

David Polonsky (1973) se graduó en la Bezalel Academy of Art and Design de Jerusalén, donde actualmente imparte clases, en 1998. Como ilustrador para cuentos infantiles, ha obtenido dos veces el premio del Museo de Israel. En 2008 participó como director artístico y dibujante de la premiada película *Vals con Bashir*. Asimismo, se ha ocupado de la dirección artística de un buen número de programas televisivos de animación.